global
marshall
plan **(**  **)** *planetary contract*

Impressum

Herausgeber	Global Marshall Plan Initiative
	© Global Marshall Plan Foundation
	Dezember 2004, Hamburg
ISBN	3-9809723-1-3
Coverkonzept	Mark Müller-Bremer, rebranding
Cover	Maike Sippel
Koordination	Sabine Stoeck
Unterstützend	Helge Bork, Maria Hosfeld, Andrea von Lehmden, Markus Neuhoff, Eugenia Sudheimer, Sumiko Tanaka
Übersetzung	Sabine Buck, Felipe Simmel
Finanzierung	Global Marshall Plan Foundation
Druck	Ebner & Spiegel GmbH, Ulm

Vertrieb
Global Marshall Plan Initiative
Rissener Landstrasse 193
22559 Hamburg, Deutschland
+49(0)40-822 90 420 (Telefon)
+49(0)40-822 90 421 (Telefax)
info@globalmarshallplan.org
www.globalmarshallplan.org

Welt in Balance

Zukunftschance
Ökosoziale Marktwirtschaft

mit Redebeiträgen gehalten am
15. Oktober 2004 im Haus der Industrie in Wien
von

HRH Prinz El Hassan bin Talal, Jordanien
Bundespräsident Dr. Heinz Fischer, Österreich
Dr. Horst Peter Groß, Universitäts.Club Klagenfurt
Dr. Peter Heintel, Universität Klagenfurt
Prof. Günther Hödl, Universität Klagenfurt
Prof. Franz Josef Radermacher, Stiftung Weltvertrag
Dr. Josef Riegler, Ökosoziales Forum Europa
Prof. Ernst Ulrich v. Weizsäcker, Deutscher Bundestag
Anders Wijkman, Europäisches Parlament

global marshall plan **planetary contract**

Nichts auf der Welt ist so stark, wie eine Idee, deren Zeit gekommen ist.

Victor Hugo

Im Dezember 2004

Liebe Leserinnen, liebe Leser,

die Welt braucht dringend Balance! Das betrifft Fragen der Umwelt, der Wirtschaft, des sozialen Ausgleichs, des Friedens zwischen den Kulturen und damit einer nachhaltigen Entwicklung. Das ist das Thema der Global Marshall Plan Initiative, die bürgerliches Engagement, wissenschaftliches Denken, unternehmerisches Handeln und politisches Wirken vereint.

Wir arbeiten daran, dass die Europäische Union eine gemeinsame zukunftsweisende Position hinsichtlich der weiteren weltweiten Entwicklung präsentiert, wenn die UNO im September 2005 den Status für ihre Entwicklungsziele (Millennium Development Goals) feststellt. Europa muss hier die führende Rolle übernehmen!

Diese Entwicklungsziele sind die wohl wichtigsten, weltweit abgestimmten Ziele, die die Menschheit zur Zeit im Sinne eines konkreten Plans zur Überwindung der desaströsen globalen Problem- und Schieflagen verfolgt. Fünf Jahre nach ihrer Unterzeichnung soll nun geprüft werden, wie weit man mit der Umsetzung dieser vernünftigen Zielvorstellungen ist. Leider ist bisher wenig passiert. Und, was noch schlimmer ist, die Ziele sind bisher in der breiten Öffentlichkeit nicht einmal bekannt.

Hier setzt die Global Marshall Plan Initiative an. Sie unterstützt die Entwicklungsziele. Sie informiert Zivilgesellschaft und Wirtschaft. Sie macht der Politik Mut. Gleichzeitig entwickelt sie strategische Vorgehensweisen, ein globales institutionelles Design und Finanzierungsvorschläge, orientiert an dem einzigen funktionierenden Modell der Globalisierung, dem EU-Erweiterungsmodell. Dieses folgt dem Grundsatz „Angleichung von Standards gegen Co-Finanzierung" und verknüpft hierzu ein vernünftiges institutionelles

Design und entsprechende Finanzierungsinstrumente. Das Ziel unserer Initiative ist eine mehrfache „Win-Win-Strategie": Faire Entwicklungschancen, faire Marktwirtschaft und ein neues Weltwirtschaftswunder.

Für eine breite gesellschaftliche Bewegung brauchen wir Unterstützung. Bitte helfen Sie uns! Verbreiten Sie die Millenniumsziele der Vereinten Nationen in Ihrem Umfeld! Setzen Sie sich ein für diese Vision eines Global Marshall Plans, eines Weltvertrags, einer weltweiten Ökosozialen Marktwirtschaft. Werden Sie mit Ihrem Unternehmen, Ihrer Organisation, Ihren Freunden und Ihrer Familie Teil unseres Netzwerks oder engagieren Sie sich in der Initiative als Unterstützer und mit Ihrem guten Namen! Stellvertretend auch für die anderen Unterstützer sei hier dem Universitäts.Club Klagenfurt gedankt, der zu dieser Tagung am 15. Oktober 2004 nach Wien eingeladen hat und dem wir damit indirekt diese Beiträge verdanken.

Sehr herzlich danken wir Annemarie und Peter Schrott, Marianne Rackwitz und Johannes Rahe stellvertretend auch für die vielen anderen Förderer und ihre großzügige finanzielle Unterstützung, durch die diese Publikation und vieles andere erst ermöglicht wurden.

Ebenso danken wir unseren Familien und unseren Partnerinnen Antonia Riegler, Hilde Radermacher und Karolin Finkbeiner für ihre inhaltliche und menschliche Unterstützung und ihre thematischen Beiträge zu dieser Initiative.

Gemeinsam können wir es schaffen!
Global Marshall Plan Initiative

Mit herzlichen Grüßen

Dr. Josef Riegler   Prof. Franz Josef Radermacher   Frithjof Finkbeiner

Inhalt

Konferenz
Zukunftschance Ökosoziale Marktwirtschaft
Friulanisches Manifest und Global Marshall Plan

Anhang

Stimmen

„Ich wünsche mir allerdings ein Europa, das die Entwicklungsziele der Vereinten Nationen nicht nur mit Worten sondern auch mit Taten vorbildlich unterstützt – konkret durch weitere Öffnung der Märkte für die armen Länder und auch mehr öffentliche Entwicklungshilfe. Bei meiner Arbeit für den Weltwährungsfonds habe ich Hunger und unermessliche Not gesehen, vor allem von Frauen und Kindern. Doch ich habe auch gesehen, dass gezielte Entwicklungszusammenarbeit viel Gutes tun kann. Für mich entscheidet sich die Menschlichkeit unserer Welt am Schicksal Afrikas. Ist es nicht eine Frage der Selbstachtung Europas, sich mit Blick auf unsere eigenen Fundamente, unsere Werte und Geschichte in Afrika ehrlich und großzügig zu engagieren?"

Bundespräsident Prof. Horst Köhler
Auszug aus der Antrittsrede im Deutschen Bundestag

„Wir brauchen keine weiteren Versprechen.
Wir müssen anfangen, die Versprechen einzuhalten, die wir bereits gegeben haben."

Kofi Annan
Generalsekretär der UN
aus der Neujahrsbotschaft 2004

„Auf internationaler Ebene gibt es keine Demokratie und das Nord-Süd- und Reich-Arm-Gefälle wächst täglich. Wir müssen unsere Anstrengungen verstärken, um diese Entwicklung, die zu einer nicht lebenswerten Welt führt, umzukehren, und zwar mit dem Ziel, einen Globalen Marshall Plan einzuführen."

Susan George
Schriftstellerin, Attac, Frankreich

„Die Realisierung eines Global Marshall Plans führt zu einer gerechteren Welt, in der kein Kind mehr verhungern muss. Das ist unser Ziel. Warum sollen alle Industriegesellschaften in den nächsten Jahrzehnten nicht erreichen, was die USA nach 1945 in Westeuropa erreicht haben? Das Geld ist da, aber noch fehlt weltweit der politische Wille. Da kann jede und jeder – auch von unten her – mithelfen. Nur dann wird die Politik entmilitarisiert und human."

Dr. Franz Alt
Journalist, Autor

„Genauso, wie der Marshall Plan enorme Hilfestellung und vereinigenden Weitblick kombinierte, um Europa nach dem Zweiten Weltkrieg beim Wiederaufbau zu unterstützen, werden die jetzigen reichen Länder nicht umhin kommen, diejenigen Ressourcen abzugeben, die notwendig sind, um eine funktionierende Ökonomie in all den Teilen der Welt zu gewährleisten, wo politische und soziale Bedingungen zugelassen werden, in denen freie Institutionen existieren können."

Gordon Brown
Finanzminister, Großbritannien

„Es ist mir eine große Ehre und Freude, die Global Marshall Plan Initiative mit unterstützen zu dürfen. Sie können sich nicht vorstellen, was es für die Frauen in den Dörfern von Bangladesch bedeutet, zu wissen, dass sich Menschen im fernen Europa für eine fairere Welt einsetzen. Aus tiefer Überzeugung wünsche ich dieser so sehnlichst erwünschten Initiative den besten Erfolg."

Bibi Russell
Fashion for Development, Bangladesch

„Schon der Konsens über die Ziele ist nicht einfach zu erreichen, noch schwerer aber ist die Findung eines Konsenses über die Mittel und Wege. Das zeigt nicht zuletzt die massive Ablehnung der deutschen Ökosteuerreform, insbesondere durch Benzinpopulisten. Dabei ist klar: Die Ziele des Global Marshall Plans sind anspruchsvoll, ebenso wie die Ziele von Kyoto.

Die einzige Chance, diese Ziele zu realisieren, liegt darin, alle vernünftigen und wirksamen Instrumente zu kombinieren. Es darf daher keine kindische Konkurrenz zwischen den Verfechtern unterschiedlicher Instrumente geben, etwa zwischen den Verfechtern von Emissionshandel und den Ökosteuer-Anhängern. Klar ist aber auch, dass ein Umsteuern der Wirtschaft in Richtung globaler Nachhaltigkeit nur dann gelingen kann, wenn auch die gewaltige Lenkungskraft des Steuersystems dafür eingespannt wird."

Dr. Anselm Görres
Förderverein Ökologische Steuerreform, Deutschland

„Die Global Marshall Plan Initiative ist ein positives Programm, um die Welt in Richtung einer gerechteren, ökologisch-restaurativen, nachhaltigen und menschlichen Entwicklung zu bewegen. Erneuerbare Energie und ressourcenschonendes Wirtschaften können die heutige katastrophale, konkurrenzorientierte, ressourcenverschwendende Globalisierung ersetzen. Eine demokratischere, im Inland generierte wirtschaftliche Prosperität auf lokaler Basis kann Millionen neuer Unternehmen und neuer Arbeitsplätze sowie nachhaltige Einkommen begünstigen. Diese Strategie einer neuen informationsreichen Globalisierung ist heute technisch machbar."

Prof. Hazel Henderson
Wirtschaftswissenschaftlerin, USA

„Die Idee, einen Global Marshall Plan auf den Weg zu bringen, finde ich großartig und beispielhaft, denn eine solche Initiative würde den Völkern in den Entwicklungs- und Schwellenländern, in Kriegs- und Krisenregionen den Weg aus der Krise weisen, der ihnen ein menschenwürdiges selbstbestimmtes Leben verspricht. Gerade wir in Europa wissen wovon wir reden, denn es war der Marshall Plan, der uns nach der Katastrophe des zweiten Weltkriegs einen Ausweg aus Trümmern, Leid, Gewaltherrschaft, Terror und Angst wies. Die Demokratien, die nach dem Krieg in Europa wieder aufgebaut wurden, wären ohne den Marshall Plan ein Traum geblieben, der sich nie verwirklichte."

Dr. Ute-Henriette Ohoven
UNESCO Botschafterin

„Heutzutage herrschen ähnlich erschreckende Umstände in den Ländern der Dritten Welt. Mehr als zwei Milliarden Menschen leben von weniger als 2 US Dollar am Tag. Heute könnte ein zweiter Marshall Plan, finanziert durch die USA, die Europäische Union, Japan und andere reiche Länder [...] Armut als Ursache von Konflikten und Terrorismus eliminieren und den Benachteiligten dieser Welt gleichzeitig Gerechtigkeit, Menschenwürde und Menschenrechte bringen. [...] Ich glaube, dass die Richtung und die Absicht die größt mögliche Unterstützung katholischen Denkens und Kreativität verdienen."

Seine Eminenz Oscar Rodriguez Maradiaga
Kardinal, Honduras

„Die Deutsche Bundesstiftung Umwelt hat sich im Anschluss an die Konferenz von Rio 1992 ausdrücklich den Zielsetzungen der Nachhaltigkeit verpflichtet und ihre Förderleitlinien daraufhin überarbeitet. Die Ausrichtung auf eine grenzüberschreitende und internationale Fördertätigkeit ist u. a. daran erkennbar, dass die Stiftung kontinuierlich ihr Auslandsengagement für Umweltschutz und Nachhaltigkeit erweitert hat und vor allem in Osteuropa eine Vielzahl von Projekten unterstützt. Die Zielsetzungen des Global Marshall Plan entsprechen in hohem Maße der  Ausrichtung der DBU. Aus Sicht einer Stiftung, die sich insbesondere dem Umweltschutz in kleinen und mittleren Unternehmen verpflichtet weiß, begrüßen wir ausdrücklich die der Initiative zugrundeliegenden Kooperation von Wirtschaft und Zivilgesellschaft und die Berücksichtigung fundamentaler unternehmerischer Gesichtspunkte bei der Initiierung eines „neuen Weltwirtschaftswunders", das Umweltschutz, Armutsbekämpfung und demokratische Gesellschaftsordnungen miteinander verbunden wissen will."

Dr. Fritz Brickwedde
Präsident Deutsche Bundesstiftung Umwelt (DBU)

„Die Global Marshall Plan Initiative für eine weltweite Ökosoziale Marktwirtschaft verfolgt das Ziel, Wirtschaft, Zivilgesellschaft und Politik für eine neue Ära der Zusammenarbeit zu gewinnen, die globale Sicherheit, Frieden und Wohlstand für eine nachhaltige ökologische Entwicklung sorgt. Die Global Marshall Plan Initiative versucht, die mächtigen Gestaltungskräfte der Globalisierung, nämlich die Finanzwelt, die Wirtschaft und die Politik für solch ein zukunftsfähiges Zusammenleben – orientiert an globaler Gerechtigkeit, an Nachhaltigkeit und Frieden – mit friedlichen Mitteln zu gewinnen. Die Orientierung an einer globalen Gerechtigkeit kann zur Überwindung von Hunger, Armut und Krankheiten führen und die Grundlagen für ein sinnerfülltes Leben in kultureller Vielfalt legen."

Prof. Ram Adhar Mall
Vizepräsident Gesellschaft für interkulturelle Philosophie

„Im Prozess der Globalisierung bei gleichzeitig weiterbestehenden markanten Unterschieden in der Entwicklung der verschiedenen Regionen der Welt muss die zunehmende globale Interdependenz auch bei dringenden globalen Herausforderungen und Fragen zu Frieden, Sicherheit, demographischem Wandel, Ressourcennutzung, Umweltschutz etc. publik gemacht und gestaltet werden.

Es muss erkannt werden, dass ökonomische Entwicklung den Aufbau sozialer Standards und somit Frieden und (internationale) Sicherheit unterstützt – Konditionen, bei denen u.a. weniger Menschen zu Flucht und Abwanderung aus ihrer Heimat gezwungen sind. Wirtschaftliche Entwicklung ermöglicht zudem eine nachhaltige, zukunftsfähige ökologische Entwicklung durch umweltverträgliche Ressourcennutzung mit weltweit positiver Auswirkung.

Die Liste der Beispiele solcher Abhängigkeiten ließe sich ohne Weiteres fortschreiben. Wichtig ist, dass diese Zusammenhänge erkannt werden und verstanden wird, dass die ausschließliche Konzentration auf Lösungen auf nationaler Ebene nicht zur Lösung globaler Fragestellungen und Probleme beitragen wird. Ziele und Erkenntnisse der entwickelten Länder dürfen also nicht zum Ausschluss der entwickelnden Länder vom globalen Wohlstand führen, sondern müssen zu deren Entwicklung beitragen.

Es ist notwendig, dass wir Rahmenbedingungen schaffen, in denen die zahlreichen Herausforderungen der heutigen Welt Gehör finden und von uns als Interessengemeinschaft angegangen werden können. Hierfür müssen die verschiedenen Akteure wie NGOs, Regierungen, Institutionen und andere Initiativen auch aus dem vorpolitischen Raum entsprechende Strategien im Dialog und in Zusammenarbeit diskutieren und entwickeln. Eine koordinierte Wirtschaftsentwicklungshilfe trägt dazu bei, allen Ländern und Regionen der Welt eine gleichberechtigte Teilhabe an den positiven Aspekten der Globalisierung zu ermöglichen und die Verantwortung für die sich stellenden globalen Probleme der die Zukunft gemeinsam zu tragen."

Prof. Rita Süssmuth
Ehemalige Präsidentin des deutschen Bundestags

„Der Global Marshall Plan, wenn er die Frauen der Welt einbezieht, wird ein wundervoller Beitrag zur Welt und zu einem zivilisierten Dialog über die Zukunft des Menschen, des Planeten und zukünftiger Generationen sein."

Jane Roberts
Schriftstellerin
34 million friends of the UNFPA, USA

„Der Global Marshall Plan stellt für mich das bislang überzeu-
gendste und realistischste Nachhaltigkeitskonzept dar, das langfristig zur Überwindung weltweiter sozialer Ungerechtigkeit beitragen kann. Europa selbst besäße mit der Umsetzung des Plans
die einmalige Chance, eine Weltfriedensmission durchzuführen. Ich
kann nur mit ganzem Herzen und innerem Feuer diese Initiative
unterstützen, weil sie das Wohl aller Menschen dieses so gefähr-
deten Planeten im Auge hat."

Dr. Manfred Kohlhase
Ökomanager 2002

„Die Global Marshall Plan Initiative erinnert daran, dass anstelle von
Klein-Klein-Strategien auch Großstrategien einmal möglich waren,
als es um die solidarische Überwindung der Folgen des 2.
Weltkriegs ging. Eine vergleichbare Initiative wie dem Marshall Plan
hat die Staatengemeinschaft seit 50 Jahren nicht mehr ergriffen.
Aber wann ist eine solche geboten, wenn nicht jetzt – um die
Ursachen und Folgen des Weltkriegs gegen die natürlichen
Lebensgrundlagen zu bekämpfen?"

Dr. Dr. Hermann Scheer
MdB, Alternativer Nobelpreisträger

„Es liegt nicht nur an uns, wie die Welt aussieht, in
der wir leben, es liegt aber wohl auch an uns, d.h.
wir können etwas ändern und wir sollen es auch.
Was dazu notwendig ist, ist der Wille, etwas zu
gestalten, der Wille, sich etwa mit Unrecht und
Ungerechtigkeit nicht abzufinden."

Dr. Dr. Michael Landau
Direktor der Caritas der Erzdiözese, Wien

„Der Weg ist das Ziel – und der Global Marshall Plan ist auf dem richten Weg. […] Was wir brauchen, sind systemische, großflächige und zeitlich ambitionierte Ansätze, die die Chancen für menschenwürdiges Leben gerechter verteilen."

Dr. Maritta Bieberstein Koch-Weser
GEXSI und Earth 3000

„Der Marshallplan war ein visionärer Plan. Und genau solche Pläne brauchen wir heute."

Jürgen Schrempp
DaimlerChrysler AG

„Ich unterstütze die „Global Marshall Plan Initiative", da wir dringend Visionen und konkrete Konzepte benötigen, an denen wir alle unsere tägliche Arbeit ausrichten können. Der „Global Marshall Plan" bietet eine solche Vision. Zukunftsfähige, nachhaltige Alternativen zum bisherigen Weg der Globalisierung zu finden, sind auch Ziele, denen der Welt-Zukunftsrat und B.A.U.M. verpflichtet sind. Nur wenn die Globalisierung nachhaltig, also ökosozial verläuft, werden wir Frieden, Freiheit, Sicherheit und Wohlstand für alle Menschen erreichen können. Es gilt jetzt konkrete Programme und Konzepte zu erarbeiten und umzusetzen, die es ermöglichen, diese Visionen Realität werden zu lassen und sie weltweit zu verbreiten. Hierzu kann die „Global Marshall Plan Initiative" einen bedeutenden Beitrag leisten."

Prof. Maximilian Gege
Geschäftsführender Vorstand B.A.U.M. e.V.
Vize-Präsident Welt-Zukunftsrat

„Die Breuninger Stiftung engagiert sich mit internationalen Projekten für Jugendliche dafür, globales Bewusstsein und Handeln zu fördern. Diese Aktivitäten auf der Mikro-Ebene sind genauso wichtig wie Projekte auf der Makro-Ebene, wo mich die Global Marshall Initiative durch ihren Pragmatismus-Ansatz überzeugt hat. Nur wenn es uns in gegenseitiger Unterstützung gelingt, Projekte auf der Mikro- und Makro-Ebene voranzubringen und zu verbinden, werden wir das gemeinsame Ziel erreichen: Die Globalisierung sozial gerechter und ökologisch vertretbarer zu gestalten, damit nachfolgende Generationen auf dieser Welt auch noch eine Zukunft haben."

Dr. Helga Breuninger
Breuninger Stiftung Stuttgart

„Ich unterstütze die Global Marshall Plan Initiative, weil sie darauf abzielt, die globalen Märkte in einen sozialen und ökologischen Ordnungsrahmen von der lokalen bis zur globalen Ebene einzubetten und die Rolle der Zivilgesellschaften gegenüber dem Selbstlauf der Ökonomie zu stärken. Dabei darf die Ökologie nicht zu kurz kommen: Denn so wie es ohne Umweltschutz keine Armutsbekämpfung im Süden geben kann, kann es keinen globalen Wohlstand ohne Minderung der Ressourcenansprüche im Norden geben."

Dr. Reinhard Loske
Bündnis 90/Die Grünen

„Als Mitglieder der menschlichen Gemeinschaft, liegt es in unserer Verantwortung, eine Kultur der Gewaltfreiheit, Solidarität, ökonomischer, poltischer und sozialer Gleichbereichtigung zu schaffen, sowohl in unseren Familien als auch in der Staatengemeinschaft. Auf diese Weise können gegenseitiges Verständnis, Einfühlungsvermögen und Respekt unter den Menschen – egal ob sie so sind wie wir oder anders – geschaffen werden. Wir sollten zudem fordern, dass alle Menschen befähigt werden, sich den oft beispiellosen Herausforderungen mit den nötigen materiellen, intellektuellen und spirituellen Ressourcen stellen zu können."

Prof. Ervin Laszlo
Club of Budapest

„Ich wünsche mir, dass wir in dieser Zeit nicht nur für uns selbst Verantwortung tragen, sondern für alle künftigen Generationen,

dass wir den Krieg beenden sollen, der Menschen gegen die Menschen, der Völker gegen die Völker, der Menschen gegen die Natur. Dieses Beispiel muss gelten ohne Scheuklappen vor den Problemen. Und das ist das große Ziel der Global Marshall Plan Initiative, die ich von ganzem Herzen unterstütze, und ich wünsche, dass alle sie in sich aufnehmen und dazu beitragen, dass sie anderen bekannt wird."

Hans-Dietrich Genscher
Ehemaliger Außenminister der Bundesrepublik Deutschland

„Einen globalen Marshall Plan in einem offenen Prozess der Zivilgesellschaft zu entwickeln ist ein demokratischer Gegenentwurf zur der Art und Weise, wie heute Regularien der Weltwirtschaft hinter weitgehend verschlossenen Türen ausgehandelt werden. Die Gewerkschaften sehen in einem solchen Prozess auch die Chance, bei der weltweiten Durchsetzung von Gewerkschaftsfreiheiten und sozialen Grundrechten voran zu kommen."

Frank Bsirske
Vorsitzender ver.di - Vereinte Dienstleistungsgewerkschaft

„Ohne eine weltumspannende Umwelt-, Sozial- und Wirtschaftspolitik werden wir die Herausforderungen der Zukunft nicht meistern. Der Global Marshall Plan gibt eine Antwort für eine nachhaltige Politik im 21. Jahrhundert."

Klaudia Martini
Staatsministerin a.D.
ehem. Vorstandsmitglied der Adam Opel AG

Dr. Horst Peter Groß

■ promovierter Philosoph

■ leitende Funktion im Projektmanagement der Kärntner Sparkasse AG

■ langjährige Forschungs-, Trainings- und
Beratungstätigkeit

■ Geschäftsführer diverser Forschungseinrichtungen der
Österreichischen Sparkassengruppe

■ zur Zeit in seinem Unternehmen zuständig für den Aufbau von
Forschungskooperationen mit Universitäten und Wissenschaft

■ öffentliche Funktionen:
Präsident des Universitäts.Club Klagenfurt und
Vorsitzender des Universitätsrates der Universität Klagenfurt

Das Friulanische Manifest und der Global Marshall Plan

Dr. Horst Peter Groß

Der Universitäts.Club Klagenfurt wurde vor nunmehr neun Jahren von Absolventen und Absolventinnen der Universität Klagenfurt gegründet und verfolgt seither das Ziel:

- Bindeglied zwischen Universität und Gesellschaft zu sein;
- Wissenschaft und Praxis, Wirtschaft und Kultur problemorientiert und vor allem interdisziplinär zu verknüpfen;
- intelligente Fragen aufzuwerfen und aktive Beiträge zu Entwicklung, Fortschritt und Dialog im Land zu leisten;
- und ein Netzwerk kritischer und innovativer Zeitgeister aufzubauen, mit denen grundlegende gesellschaftspolitische Fragestellungen diskutiert, reflektiert und für eine zukunftsfähige Entwicklung nutzbar gemacht werden; eine Entwicklung, die sich letzlich – philosophisch gesprochen – an einem guten Leben orientiert.

Zwei wichtige Schienen, mit denen der Universitäts.Club diese zugegeben recht anspruchsvollen Ziele umzusetzen versucht sind:

- das seit neun Jahren einmal jährlich stattfindende Universitäts.Club Symposium einerseits;
- und die sogenannten tusculanischen Gespräche andererseits.

Erlauben Sie mir jedoch eine kurze Anmerkung zu den Universitäts.Club Symposien, weil sie letztlich den Universitäts.Club zu dieser heutigen Veranstaltung geführt haben. In diesen Symposien haben wir jene Attribute in ein Veranstaltungs-Setting vereint, die wir für wichtig halten und auf die es unserer Meinung nach ankommt:

- einen schönen Ort der Ruhe fernab vom täglichen Arbeitsumfeld (romanisches Kloster inmitten der Friulanischen Weinberge) sowie ausreichend Zeit zu finden;

- ein Thema, welches grundsätzliche Fragen aufwirft, zumeist auch provokant oder als Frage formuliert, wie z.B. das Thema unseres ersten Symposiums: „Die Kosten der Eitelkeit im Management", zu diskutieren;
- herausragende Referenten aus unterschiedlichen wissenschaftlichen Disziplinen, sowie Praktiker aus Wirtschaft und Öffentlicher Verwaltung, die das Thema interdisziplinär und möglichst ganzheitlich beleuchten, einzuladen;
- dabei knüpfen wir methodisch ganz bewusst an die Diskurstradition der griechischen Antike an: Im Geiste der sokratischen Dialoge initiieren wir i.d.R. bei diesen Symposien einen möglichst offenen, kontroversen Gedankenaustausch;
- und von Platons „Symposion" entlehnen wir den Aspekt des kulinarischen Genusses, den wir durch haubendekorierte Speisen und Getränke aus der Region in die Veranstaltung integriert haben;
- des Weiteren bauen wir immer auch einen künstlerischen Beitrag in das Programm ein (Kabarett, Musik, ...).

Eines unserer Symposien, nämlich das aus dem vorigen Jahr mit dem Titel „Der Preis des Profits", befasste sich mit der Kritik an der Einseitigkeit des neoliberalen Ökonomiemodells. In Folge dieses Symposiums und auf Basis der dort geführten Diskussionen hat eine Gruppe des Universitäts.Clubs gemeinsam mit einigen Referenten das sogenannte Friulanische Manifest formuliert, das Ihnen in dieser Veranstaltung vorliegt. Dieses Manifest:
- benennt zentrale Problembereiche, wie z.B. soziale Fragen, die Umweltthematik, Verteilungsfragen, Kulturdivergenzen etc.;
- und unterbreitet Interventionsvorschläge, die auf die Herstellung sinnvoller Rahmenbedingungen abzielen.

In diesem Zusammenhang – und das ist nun die Verbindung zur heutigen Veranstaltung – wird im Friulanischen Manifest auch ein Global Marshall Plan gefordert, inhaltlich und im Befund mit großer Übereinstimmung und ganz im Geiste – und das ist für mich das Schöne an diesem Zusammentreffen in dieser heutigen Veranstaltung – wie er auch von Franz Josef Radermacher und der Global Marshall Plan Initiative formuliert und praktisch betrieben wird. Das Friulanische Manifest unterstützt daher die Initiative für einen Global Marshall Plan.

Der zweite Aspekt betrifft das vom Präsidenten des Ökosozialen Forums Dr. Josef Riegler schon zu der Zeit, als er Vizekanzler der Republik Österreich war, formulierte Gedankengut, das er unter dem Begriff „Ökosoziale Marktwirtschaft" subsummiert hat. In unserem Friulanischen Manifest bezeichnen wir eine solche Ökosoziale Marktwirtschaft als die europäische Antwort auf die Einseitigkeit neoliberaler Wirtschaftspraxis, die sich nach dem Wegfall der Berliner Mauer und im Zuge der Globalisierung weltweit durchgesetzt hat und von der wir glauben, dass Sie heute in ihrer Absolutsetzung der Kapitalinteressen mehr eine Bedrohung als eine zukunftsträchtige Lösung der heutigen Probleme darstellt, mehr noch: Sie stellt unserer Meinung nach heute zum Teil selbst schon das Problem dar!

Umso mehr freut es uns, dass dieser ökosoziale Ansatz auch einen so zentralen Bestandteil der Global Marshall Plan Initiative darstellt. Was nun diese Global Marshall Plan Initiative betrifft, gibt es – wie man an den heute anwesenden Proponenten sehen kann viel Berufenere, die daran arbeiten und hoffentlich auch die Verantwortlichen in der EU mit dieser Botschaft erreichen werden bzw. zur konkreten Unterstützung bewegen können.

Der Universitäts.Club Klagenfurt mit seinen Zielsetzungen kann diese Initiative und dieses Gedankengut zwar unterstützen, er muss jedoch auf dem Boden der Realität seiner Einflussmöglichkeiten bleiben und in seinem Bereich initiativ werden. Er tut dies:

- mit dem vorliegenden Friulanischen Manifest;
- mit den zukünftigen Universitäts.Club Symposien, die von Top Managern aus Wirtschaft und Verwaltung besucht werden;
- sowie mit dem weiteren Aufbau eines Netzwerks konstruktiver Zeitgeister – und zwar im Sinne einer Kooperation zwischen Wissenschaft bzw. Universität mit regionaler Wirtschaft und Gesellschaft.

Er tut dies nicht zuletzt auch mit der Organisation dieser Veranstaltung in Wien – mit der Absicht, dass diese Tagung für den Universitäts.Club auch jener gewünschte Auftakt sein kann, um sich mit interessierten Wissenschaftlern und Praktikern zu den Herausforderungen, die sich aus dem Gedankengut, das im Friulanischen Manifest und von der Global Marshall Plan Initiative formuliert wurde, ergeben, tiefgreifender zu befassen. Es geht um Konsequenzen und um eine praktische Nutzbarmachung im Sinne einer reflektierten, offenen, sozialen und ökologischen, kurz nachhaltigeren und zukunftsfähigeren Herangehensweise an die heutigen gesellschafts- und wirtschaftspolitischen Herausforderungen.

Diesen Ansatz möchte der Universitäts.Club Klagenfurt auf die Entwicklung von Initiativen und Talenten in jener Kultur- und Wirtschaftsregion, in der der Universitäts.Club beheimatet ist, nämlich auf Kärnten und die benachbarten Regionen des Alpen-Adria-Raums, beziehen. Wir denken daran, ein „Zukunftsforum Kärnten" anzuregen, da wir es, gerade in Zeiten globaler Uniformierung und ökonomischer Gleichschaltung, für notwendig und konstruktiv halten, regionale Bedürfnisse zu kultivieren und auf den Wert der Vielfalt und der Unterschiedlichkeit als Beitrag zur Lösung von zentralen Problemen aufmerksam zu machen.

Dabei ist die Universität Klagenfurt ein wichtiger Partner und eine Plattform, die in diversen Ansätzen – ich denke da vor allem an die „Interventionsforschung" und Teilbereiche, ich nenne hierzu als ein Beispiel die „Soziale Ökologie" – Kompetenzen für eine nachhaltige Forschung und Entwicklung aufgebaut hat. Die Alpen-Adria-Universität Klagenfurt hat sich darüber hinaus auch entschlossen, sich zukünftig schwerpunktmäßig noch gezielter und intensiver mit der „Nachhaltigkeitsthematik" und dem spezifischen Beitrag der Wissenschaft zu befassen. In diesem Sinne verstehe ich die Global Marshall Plan Initiative als jene Plattform, die auf Europäischer Ebene versucht, eine sinnvolle und zukunftsfähige Alternative zur Lösung der identifizierten globalen Probleme zu entwickeln. Der

Universitäts.Club Klagenfurt möchte seinerseits dazu beitragen, dass dieses Gedankengut der Nachhaltigkeit und Lösungsansätze in dieser Richtung für die Regionalentwicklung nutzbar gemacht werden und Kärnten mit seiner Universität möglichst bald auf Projekte verweisen kann, die vorbildhaft auch für andere Regionen verwendet werden können.

Ich fordere daher alle jene Kräfte auf, die mit uns und der Alpen-Adria-Universität Klagenfurt an einer nachhaltigen Entwicklung dieser Region mitdenken und mitarbeiten möchten, sich beim Universitäts.Club Klagenfurt zu melden. Auch in dieser Hinsicht freut mich Ihr Interesse, das Sie durch Ihre so zahlreiche Teilnahme an unserer heutigen Veranstaltung zum Ausdruck bringen.

Ich möchte mich bei allen, die beim Zustandekommen dieser Tagung mitgewirkt haben sowie bei den Vortragenden sehr herzlich bedanken und wünsche Ihnen und uns allen einen interessanten Vormittag.

Friulanisches Manifest

Universitäts.Club Klagenfurt

Befund

Die heutige Organisation der Weltpolitik und Weltökonomie ist nicht mehr zukunftsfähig. Insbesondere gibt es eine zu hohe Dominanz kurzfristig ausgerichteten ökonomischen Denkens. Die Ökonomie ist die Megaphilosophie der Gegenwart. Sie hat frühere Megaphilosophien wie Religion oder auch jene der aufklärerischen Vernunftbildung abgelöst. Es ist evident, dass das System der Ökonomie inzwischen die meisten anderen (insbesondere soziale Systeme) durchdrungen oder sie der eigenen Logik unterworfen hat bzw. dominiert. Dazu zählen die aufklärerischen Grund- und Freiheitsrechte ebenso wie traditionelle demokratiepolitische Ziele und Wertsetzungen (ethische, humanitäre, soziale und bildungspolitische). Der Markt verfährt jedoch in sich ungerecht: Er benachteiligt die ökonomisch schwächeren Interessen.

Historischer Kontext

Das „Modell Neuzeit" prägt die westliche Welt seit mehr als 200 Jahren. Es basiert auf dem naturwissenschaftlichen Denkmodell, das der Logik, der Herstellung von Widerspruchsfreiheit und insofern kausaler Linearität verpflichtet ist. In diesem naturwissenschaftlich-technischen Modell geht es darum, alles begründen zu können (Rationalität), eine prinzipielle Nachbildbarkeit alles Existierenden zu erzielen (in jüngster Zeit sogar von Leben), alles einordnen zu können um prognosefähig zu sein, alles kontrollierbar werden zu lassen und beherrschbar zu machen. Das zugrunde liegende Entscheidungsmodell operiert in den Kategorien binärer Logik: gut/schlecht, richtig/falsch, etc. Widersprüche solcherart lassen sich jedoch nicht auflösen. Sie prägen unsere Gesellschaft und müssen ständig balanciert werden. Wo dies nicht geschieht, formiert sich Widerstand auf unterschiedlichen Ebenen, der nicht nur Aufmerksamkeit erzielen kann, sondern dem in zunehmendem Ausmaß Sympathie und auch Vertrauen geschenkt wird (z. B. Greenpeace, Amnesty International, attac). Nicht jedes Problem ist also mit marktwirtschaftlicher Logik zu lösen, auch wenn sich das System unter bestimmten Blickwinkeln und bei Vorliegen geeigneter Rahmenbedingungen als sehr erfolgreich erweist.

Problembereiche

Wesentliche Probleme betreffen:

- Globale Umweltproblematik
- Armutssituation/zunehmende soziale Ungerechtigkeit auf globaler wie nationaler Ebene
- Konflikte zwischen Kulturen und Wirtschaftsräumen
- Bedrohung etablierter Systeme der sozialen Absicherung
- Zunehmende Verunsicherung im Spannungsfeld von Beruf, Gesundheit und sozialer Lebensqualität

Was gebraucht wird, sind bessere Rahmenbedingungen der Weltökonomie, die sich an der Philosophie einer ökosozialen Marktwirtschaft orientieren, und dazu korrespondierend ein besseres Global Governance System, das dem Gedanken der Nachhaltigkeit verpflichtet ist. Innerhalb dieses Systems hat die Verankerung von Opposition (im Sinne der Organisation von Widersprüchen) eine wesentliche Funktion. Diese muss bewusst eingerichtet werden, um jeder Form von Totalitarismus systemimmanent entgegen zu wirken.

Konsequenzen und Innovationsvorschläge

- **Die Divergenz von Effektivität und Effizienz beachten**
  Effektivität (Antworten, Ergebnis und Lösung der richtigen Probleme) und Effizienz (Input/Output-Verhältnis/Wirtschaftlichkeit und richtige Lösung der Probleme) dürfen nicht miteinander verwechselt werden. Die Wirtschaft/der Markt arbeitet effizient. Die Gesellschaft/Politik muss klar sagen, was die richtigen und wich-

tigen Probleme/Zielsetzungen sind bzw. sein sollen. Ansonsten laufen wir Gefahr, dass die Wirtschaft auch die falschen Probleme effizient löst.

■ **Sozialer Ausgleich ist ökonomisch sinnvoll**
Es erscheint ökonomisch sinnvoll, Wohlstand auch auf die sozial und wirtschaftlich schwachen Gruppen und Regionen bzw. Länder auszudehnen. Wir brauchen einen nationalen und internationalen Solidarismus. Bei allem Individualismus müssen wir gemeinsame Aufgaben und Werte auch mit monetären Werten ausstatten. Der Schlüssel für den Erfolg unserer Wirtschaft war nicht, einige wenige reicher zu machen, wie es insbesondere das neoliberale Wirtschaftsmodell mit sich bringt, sondern der Erfolg lag – zumindest in der europäischen Tradition – in der Schaffung breiterer wohlhabender Schichten, vor allem durch breit angelegte Ausbildungs-, Gesundheits- und Partizipationsansätze.

■ **Internalisierung derzeit externalisierter Kosten**
Eine Konsequenz daraus lautet, dass soziale Kosten nicht immer weitergehend gestrichen werden dürfen, um den Prämissen kurzfristigen ökonomischen Denkens zu genügen. Dies gilt insbesondere auch für die sozial-kulturellen und ökologischen Folgekosten des Wirtschaftens. Umweltverschmutzung hat ihren Preis, sie muss als Kostenfaktor in den betriebswirtschaftlichen und volkswirtschaftlichen Bilanzen ausgewiesen werden.

■ **Co-Finanzierung als Stabilitätsfaktor**
Angesichts der Fristigkeit der dringenden Weltprobleme werden paradigmatische Veränderungen und dazu gehörende Regelveränderungen zur Gestaltung der weltweiten wirtschaftlichen Rahmenbedingungen – im Sinne eines öko-sozialen Ansatzes – benötigt. Letztlich geht es darum, durch Integration von globalen Institutionen und deren Übereinkommen (WTO, ILO, IWF, Kyoto-Vertrag, etc.) zu einem kohärenten Global Governance System zu kommen. Hierbei geht es vor allem um die Inkorporation der wahren Kosten und um einen weltweiten sozialen Ausgleich im

Sinne der vollen Förderung und Entfaltung aller humanen Potenziale in dieser Welt. Ein Kernansatz dabei lautet: Co-Finanzierung der sich entwickelnden Welt durch die reichen Länder im Austausch gegen die Angleichung von Standards. Als Vorbild dafür dient das Modell der EU-Erweiterungsprozesse. Konkret geht es um einen Welt Marshallplan. Dies muss flankiert werden durch Vereinbarungen zwischen Unternehmen und durch neue Lebensstile, also ein anderes, aufgeklärtes kollektives und individuelles Verhalten. Solche Lebensstile werden durch ehrlichere Preisstrukturen gefördert (siehe „Internalisierung derzeit externalisierter Kosten").

■ **Psychosoziale Gesundheit als Wettbewerbsvorteil**
Psychosoziale Gesundheit der Mitarbeiter kann einen entscheidenden Wettbewerbsvorteil für Unternehmen darstellen. Sie verlangt danach, sehr verschiedene Bedürfnisse in Balance zu halten: Erfolgsbedürfnisse, das Streben nach Karriere, den Wunsch nach Gesundheit und sozialen Kontakten. Hier gilt es, das richtige Maß zu finden. Um dieses Produktivfeld zu erschließen und eine bestehende Leistungsfähigkeit zu erhalten, ist es wichtig, sich gelegentlich Zeit zu nehmen und Abstand zu gewinnen. Dies betrifft sowohl die Dimension einer gelingenden Life-Work-Balance als auch organisierte Formen von Aus-Zeiten im Sinne kollektiver Reflexion (Etablierung von Feedback-Prozessen in Organisationen).

■ **Widerspruchsmanagement als Chance**
Wichtig ist es, von einer mehr logisch orientierten binären Kausalität zu einem sinnvollen Widerspruchsmanagement einer komplexen Wirklichkeit zu gelangen. Dazu ist es erforderlich, die zentralen Widersprüche und gesellschaftlichen Herausforderungen zunächst wahrzunehmen, sie zu akzeptieren, um sie danach in vielen Fällen nicht logisch zu lösen (richtig oder falsch), sondern um sie zu bearbeiten und in eine jeweils aktuelle, sinnvolle Balance zu bringen. Dies verlangt nach einer Kooperation aller Betroffenen, vom Einzelnen bis hin zur Global Civil Society.

Akteure

- **Regierungen, nationale und internationale Politik**
  Gebraucht wird in diesem Zusammenhang ein gestärktes Europa, im Bewusstsein seiner historisch-philosophischen und kulturellen Wurzeln, seiner sozialen wirtschaftspolitischen Tradition und damit als Träger eines (Gegen-) Modells zur aktuellen Deregulierungsphilosophie: nämlich der Ansatz der Co-Finanzierung wirtschaftlich weniger entwickelter Länder, wie sie im Rahmen der EU-Erweiterungsprozesse versucht und praktiziert wird, als Basis der Herbeiführung hoher weltweiter Standards im sozialen, kulturellen und ökologischen Bereich. Dabei spielen auch die Gestaltung und (weltweite) Durchsetzung von Rahmenbedingungen im Sinne einer auf Nachhaltigkeit ausgerichteten Ökosozialen Marktwirtschaft eine Rolle, wobei die (derzeit noch) unvermeidbaren Umweltbelastungen wirtschaftlichen Handelns monetär beziffert und in die Bilanz von Unternehmen und Volkswirtschaften Eingang finden müssen. Wirtschaftliches Handeln ist nur innerhalb der Rahmenbedingungen wirtschaftlicher Systeme und deren Logik möglich. Veränderungen müssen insofern bei den Rahmenbedingungen ansetzen.

- **International operierende Konzerne und eine starke regionale Wirtschaft**
  Diese haben (und nutzen bereits) viele Möglichkeiten zur Verbesserung der weltweiten Entwicklungsbedingungen, zum Beispiel durch ihre konkreten Aktivitäten vor Ort wie auch durch Mitwirkung im Global Compact der United Nations. Eine konsequente Fortsetzung und Erweiterung der Bemühungen, unterstützt durch weltweit verbindliche Rahmenbedingungen, ist wichtig.

- **Die Weltzivilgesellschaft**
  Sie wirkt unter anderem über NGOs und als vernetztes Ganzes in alle Globalisierungsprozesse hinein. Der einzelne Mensch hat dabei in seinen Wertschöpfungsbeiträgen, aber auch als Kon-

sument, als Erziehungsverantwortlicher bzw. als NGO-Aktivist und Förderer viele Einflussmöglichkeiten. Hier geht es um Vernetzung und die Nutzung von Größeneffekten.

- **Die Freiheit des Denkens**
  (organisiert in Wissenschaft, Kunst und Kultur)
  Im Bereich der Wissenschaft geht es vor allem um neue Paradigmen philosophischer Art. Solche Paradigmen unterstützen nicht nur blind den technologischen Fortschritt, sondern fragen auch nach dessen gesellschafts- und wirtschaftspolitischen Konsequenzen. Sie integrieren Reflexionsleistungen in die jeweiligen gesellschaftlichen Systeme und stellen Methoden zur Verfügung, die der Vergemeinschaftung der Reflexionsinhalte dienen. In Form der Interventionsforschung werden konkrete Handlungsalternativen mit den Betroffenen gemeinsam erarbeitet und gegebenenfalls notwendige Veränderungsprozesse initiiert und begleitet.

Resümee

Wenn der Befund stimmt – und es gehen immer mehr Meinungen in diese Richtung – so sind Konsequenzen unausweichlich. Wenn nicht gegengesteuert wird, laufen wir Gefahr, die negativsten Prognosen selbst herbeizuführen und Wirklichkeit werden zu lassen. Die Überschwemmungen in jüngster Zeit, der 11.September 2001, die Uneinigkeit des Westens in der Irakfrage, die ungeklärte Situation im Nahen Osten sollten dabei Mahnung sein. Die vorgeschlagenen Interventionen bedürfen breiter Kooperationen zwischen Politik, Wirtschaft, Wissenschaft und Zivilgesellschaft. Der Universitäts.Club Klagenfurt hat in mehreren Symposien in Friaul an verschiedenen Widersprüchen innerhalb des Wirtschaftssystems gearbeitet. Aufgrund der im Universitäts.Club-Symposium „Der Preis des Profits" vorgenommenen interdisziplinären Betrachtung ist dieser „Preis" in der Summe ein äußerst hoher. Im Zuge dieses Symposiums ist das hier vorliegende Friulanische Manifest initiiert worden.

Bundespräsident Dr. Heinz Fischer

- 1938 geboren in Graz, verheiratet, zwei Kinder
- 1956 Studium der Rechts- und Staatswissenschaft an der Universität Wien
- 1961 Promotion an der Universität Wien, mit anschließend er Gerichtspraxis
- 1971 bis 2004 Abgeordneter des Nationalrates
- 1975 bis 1983 Geschäftsführender Obmann der SPÖ-Parlamentsfraktion
- seit 1978 als Dozent für Politikwissenschaft an der Universität Innsbruck habilitiert
- 1983 und 1987 Bundesminister für Wissenschaft und Forschung
- 1990 bis 2002 Präsident des Nationalrates
- 1994 Ernennung zum ordentlichen Universitätsprofessor
- 1992 bis 2004 stellvertretender Vorsitzender der sozialdemokratischen Partei Europas (SPE)
- 2002 Wahl zum zweiten Präsident des Nationalrates
- seit 2004 Bundespräsident von Österreich

Autor zahlreicher Bücher und Publikationen auf dem Gebiet der Rechts- und Politikwissenschaft, darunter u.a. „Das politische System Österreich", „Die Kreisky-Jahre", „Reflexionen", „Wende Zeiten. Ein österreichischer Zwischenbefund."

Zukunftschance Ökosoziale Markwirtschaft Friulanisches Manifest und Global Marshall Plan

Bundespräsident Dr. Heinz Fischer, Österreich

Ich gratuliere Ihnen zu dieser Global Marshall Plan Initiative, zu Ihren Bemühungen, zu Ihrer Fähigkeit, Gespräche über ein so interessantes, komplexes und wichtiges Thema zu führen und eine so hochrangige Veranstaltung zu organisieren. Es ist mir eine Freude, Grußworte an diese Konferenz richten zu dürfen. Und ganz besonders freut es mich, mit dem Präsidenten des Club of Rome, seiner königlichen Hoheit Prinz Hassan wieder zusammen zu treffen. Gerne treffe ich auch mit Vizekanzler Riegler zusammen. Wir haben uns immer gut verstanden, was er sicher gerne bestätigen wird und was auch ich bestätige. Ich bin auch beeindruckt von den Aktivitäten des Universitäts.Clubs Klagenfurt, der sicher viele Vorbereitungen und Anstrengungen unternehmen musste, um diesen Dialog zu organisieren.

Ich bin der Meinung, dass das Nachdenken über die Zukunftschancen einer Ökosozialen Marktwirtschaft im Zeitalter der Globalisierung zugleich auch ein Nachdenken über das Phänomen der Globalisierung ist. Kürzlich habe ich im Parlament der Budgetrede des Finanzministers zugehört. Und da ist zum Thema Globalisierung kurz und bündig gesagt worden, die Globalisierung findet statt, gleichgültig ob es uns freut oder nicht. Ob wir dafür oder dagegen sind. Ich weiß schon, dass damit gemeint ist, dass die Globalisierung ein mächtiger Trend ist. Aber ich bin doch nicht restlos überzeugt, dass diese Feststellung in dieser Form richtig ist. Wir beschreiben mit dem Ausdruck Globalisierung eine Grundströmung der Gegenwart, die in technischen, ökologischen, ökonomischen, technologischen, sozialen Entwicklungen ihren Grund hat. Und die in praktisch allen Industrieländern anzutreffen ist. Das ist richtig. Und dennoch weigere ich mich, und habe mich immer geweigert, den Gedanken eines historischen Automatismus, einer unbeeinflussbaren Entwicklung zu akzeptieren. Die Fragen des historischen Automatismus haben ja immer wieder die Menschheit beschäftigt. Und gerade jemand der sich ein bisschen auch mit Marxismus beschäftigt hat, weiß wie gefährlich ein Denken in solchen Kategorien sein kann. Die Tendenzen zur Globalisierung sind stark – zugegeben. Aber auch die menschliche Intelligenz und der politische Wille – vor allem wenn große Gruppen der Bevölkerung dafür gewonnen und interessiert werden können – sind stark. Und daher ist die Geschichte immer das Produkt von objektiven und subjektiven Faktoren gewesen. Und so wird es auch in Zukunft bleiben, dass die Geschichte das Produkt objektiver und subjektiver Faktoren sein wird. Daher kann man nicht von Automatismus und Unbeeinflussbarkeit sprechen. Dazu kommt noch – wenn man ein bisschen mehr ins Detail geht – etwas Zweites: Die Globalisierung ist kein monolithischer Block von Entwicklungstendenzen, sondern ein Bündel unterschiedlicher Strömungen und Entwicklungen. Und jede einzelne dieser Tendenzen hat Pro- und Kontra-Kräfte. Beschleunigende und retardierende Elemente. Und auch das ist beeinflussbar. – Diese zwei Überlegungen wollte ich jedenfalls als meinen Zugang zu diesem Fragenkomplex darlegen.

Mehr und mehr wird das, was sich als politischer Prozess abspielt, nicht streng in Außen- und Innenpolitik getrennt, sondern findet – Sie kennen das Wort – als Weltinnenpolitik statt. Nationale Politik benötigt – auch zur Erreichung nationaler Ziele – internationale Zusammenarbeit. Und in diesem Sinne ist es richtig, sich zur Erreichung nationaler Ziele internationaler Vereinbarungen, internationaler Abkommen zu bedienen. Ein gutes Beispiel dafür ist das Kyotoabkommen, das unsere Situation im nationalen Rahmen durch internationale Zusammenarbeit verbessern soll. In diesem Zusammenhang ist zu begrüßen, dass sich ein so großes Land wie die Russische Föderation entschlossen hat, das Kyotoabkommen zu ratifizieren. Wir haben allerdings viel Zeit versäumt, wir sind nicht im Fahrplan. Und es ist nicht sicher oder sogar eher unwahrscheinlich, dass wir die Ziele, die wir uns bis 2012 auf diesem

Gebiet gesetzt haben, wirklich erreichen werden. Das ändert aber nichts daran, dass die Bemühungen in dieser Richtung fortgesetzt und intensiviert werden müssen. Umweltschutz ist nun einmal eines der zentralen Millenniumsziele, die von den Vereinten Nationen vor einigen Jahren formuliert wurden. Ich halte die Millenniumsziele, es sind acht Zielsetzungen, für ungemein wichtig und für eine zentrale Aufgabe internationaler Politik. Sowohl die Bekämpfung der Armut, die Chancengleichheit, der Zugang zu Bildung, die Bekämpfung von Aids und alle anderen Zielsetzungen sind keine Utopie, sondern drängende Probleme, die wir besser heute als morgen angehen müssen. Jede Unterstützung internationaler Organisationen, staatlicher Organisationen, nicht zuletzt auch die Unterstützung der Vereinten Nationen, ist wertvoll und wichtig.

Aber so wie mit dem Kyotoabkommen, oder so ähnlich, verhält es sich auch mit den Millenniumszielen. Es wird nicht einfach sein, diese Ziele, vor allem in vollem Umfang, zu erreichen. Und daher könnte jetzt jemand die Frage stellen, ob es denn sinnvoll ist Zielsetzungen zu formulieren, die in der Praxis nicht oder jedenfalls nicht vollständig erreicht werden. Es gibt eine ganze Reihe von solchen Zielsetzungen, von denen man das behaupten kann oder erwarten muss. Ich glaube, dass es dennoch richtig ist sich solche Ziele zu setzen. Denn Ziele werden durch eine davon abweichende Realität nicht unwichtig oder wirkungslos. Vielleicht werden sie sogar noch wichtiger. Und manchmal muss man sich hohe Ziele setzen, weil gerade daraus ein Impetus entsteht. Sie kennen sicher den klugen Satz von Martin Walser: „Die Existenz der Utopie ist die Voraussetzung dafür, dass sie aufhört eine Utopie zu sein". Nur wenn man sich ein sehr hochgestelltes – von mir aus ein utopisches – Ziel setzt, wird man jene Anläufe nehmen, die dazu führen, dass das, was man zunächst als Utopie bezeichnet dann doch in den Bereich des Realisierbaren rückt. Die Geschichte liefert viele Beispiele dafür.

Dass die Handlungen der Menschen nicht oder nicht immer dem kategorischen Imperativ entsprechen, widerlegt ihn nicht, sondern macht ihn noch wichtiger. Und daher könnte man in Anlehnung an

Immanuel Kant einen ökologischen Imperativ formulieren und sagen: Handle stets so, dass kommende Generationen Dein Tun als angemessen und verantwortungsvoll beurteilen können. Ich glaube, dass es sich lohnt darüber nachzudenken. Und dazu ist dieser Kreis ja zusammengekommen.

Die letzten Jahrzehnte haben leider auch die schon vor 30 Jahren vorhandene große Einkommenskluft zwischen Arm und Reich nicht verringert, sondern weiter vergrößert. Gleichzeitig gelten mehr als eine halbe Milliarde Menschen als „working poor", die mit einem US Dollar am Tag ihr Auslangen finden müssen. Auch das sind, so wie im Bereich der Umwelt, alarmierende Zahlen, die einen nicht gleichgültig lassen können; weil die halbe Milliarde nicht nur eine 5 mit vielen, vielen Nullen dahinter ist, sondern weil da eine unglaublich große Zahl individueller Schicksale dahinter steckt. Wir müssen uns dessen bewusst sein und unser Gewissen schärfen. Mit dem Bewusstsein allein ist allerdings das Problem noch nicht gelöst. Aber es ist Voraussetzung zur Lösung. Daher ist die Entwicklungszusammenarbeit so wichtig. Und daher ist es auch immer wieder traurig und enttäuschend, dass wir – als reiche Republik Österreich – unsere Ziele auf diesem Gebiet nicht erreicht haben. Die 0,7% des BNP, die berühmten, liegen in weiter Ferne. Aber auch die geringer gesetzten Zielsetzungen von 0,39% sind in unserem Land ziemlich weit von der Realisierung entfernt. Wir müssen uns vornehmen, und ich werde es bei verschiedenen Gelegenheiten öffentlich sagen, dass wir hier unsere Performance verbessern und mehr Verantwortungsbewusstsein zeigen. Denn das hängt sehr mit Verantwortungsbewusstsein und mit Information zusammen.

Ich denke, dass die Arbeiten an einem „Global Marshall Plan" diesen Zielen gewidmet sind. Österreich hat in den Nachkriegsjahren sehr vom Marshall Plan der USA profitiert. Maßgebliche Arbeiten zum Wiederaufbau unseres Landes wurden durch diesen Marshall Plan, durch diese amerikanische Initiative, ermöglicht und finanziert. Wer selbst unmittelbar erfahren hat, dass eine nachhaltige und klug geplante Unterstützung den Aufschwung eines Landes wesentlich beeinflussen kann, wird daher zweifellos verstehen, weshalb die Idee eines globalen Marshall Plan mehr als ein halbes Jahrhundert später so faszinierend und bestechend ist. Dieser Global Marshall Plan kann keine einsame Insel sein, sondern es soll eine vernetzte, durchdachte, Erfolg versprechende Initiative sein, die sich mit anderen Initiativen verbindet. Dem Universitäts.Club Klagenfurt ist es hoch anzurechnen, eine solche Verbindung hergestellt zu haben. Und auch dem Ökosozialen Forum möchte ich danken, dass es daran mitgewirkt hat, dass versucht wird in solchen Kategorien zu denken. Für die Zukunft wünsche ich mir, dass die kritischen, verantwortungsvollen, zukunftsorientiert denkenden Menschen, jene kritische Masse bilden, die notwendig ist, um einen solchen Umdenkprozess aus wissenschaftlichen Diskussionszirkeln hinaus in die gesellschaftliche Realität zu tragen und dort fruchtbar zu machen.

In diesem Sinne danke ich nochmals für die Einladung und wünsche Ihren Beratungen über diese Fragen den allerbesten Erfolg.

HRH Prinz El Hassan bin Talal

Seine königliche Hoheit Prinz El Hassan bin Talal glaubt an Gesellschaften, in denen Menschen in Freiheit und Würde arbeiten und leben können.

Seine königliche Hoheit initiierte und gründete eine Vielzahl jordanischer und internationaler Institute und Komitees. In vielen ist er selbst aktiv. Prinz El Hassan bin Talal ist Gründungsmitglied des Parlaments der Kulturen, das im Juli 2003 in Istanbul zum Zweck der Förderung des interkulturellen Verständnisses und zur Stärkung des Dialogs zwischen Denkern und Intellektuellen unterschiedlicher Kulturen gegründet wurde. Gegenwärtig arbeitet Prinz El Hassan bin Talal gemeinsam mit amerikanischen Nichtregierungsorganisationen am Programm „Partners in Humanity", das die Verbesserung des gegenseitigen Verständnisses und der Beziehungen zwischen Muslimen und Amerikanern zum Ziel hat.

Prinz El Hassan ist Autor verschiedener Bücher: A Study on Jerusalem (1979); Palestinian Self-Determination (1981); Search for Peace (1984); Christianity in the Arab World (1994); Essere Musulmano - Co-author (2001); Continuity, Innovation and Change: Selected Essays (2001); In Memory of Faisal I: The Iraqi Question (2003) and Q & A: Contemporary Issues (2003); To Be A Muslim: Islam, Peace and Democracy (2003).

Balance der Kulturen -
eine Zukunftsperspektive des Club of Rome und
die Rolle eines Global Marshall Plan

HRH Prinz El Hassan Bin Talal

Ich bin hoch erfreut, die Global Marshall Plan Initiative zu unterstützen, die im Geist des Club of Rome gegründet wurde. Diese
Initiative spiegelt unsere Philosophie einer globalen Ordnung wider,
die auf Kooperation und Partnerschaft basiert. Ihr Vorteil liegt darin,
einen Rahmen zu bieten, um den verschiedenen Veränderungen,
die das „globale Dorf" mit sich bringt, zu begegnen; insbesondere
deswegen, weil wir uns in Mitten in einer durch Konflikte gezeich-
neten Welt befinden. Themen wie Armut, Umweltzerstörung und
soziale Instabilität begründen die gegenwärtigen großen Herausforderungen für die Menschheit.

Mitglieder des Club of Rome haben schon sehr früh die Grenzen
des Wirtschaftswachstums, des Bevölkerungswachstums und des
Wachstums des Nahrungsmittelangebots angesprochen. Sämtliche
Mitglieder des Club of Rome haben ihrem Wirkungsbereich entsprechend auf die verheerenden Folgen für die Menschheit hingewiesen, wenn wir die Prinzipien eines menschlichen, sozialen, ökonomischen und Umweltbewusstseins aus den Augen verlieren.
Deshalb sollten Regierungen ermutigt werden, sich mit „Anthro-
politik" statt „Öl-" oder „Wasserpolitik" auseinanderzusetzen und
sich mehr darauf zu konzentrieren, Armut zu reduzieren, medizinische Grundversorgung und Ausbildung auf globaler Ebene ohne
Diskriminierung zur Verfügung zu stellen – dies alles, um uner-
wünschte soziale und politische Unruhen zu vermeiden.

Leider lebt die Hälfte der Erdbevölkerung in Armut. Die Schere
zwischen denen, die ich die „Habenden" und die „Nicht-Habenden"
nenne, wächst kontinuierlich und lässt ein Ungleichgewicht
zwischen dem Reichtum weniger und der Armut vieler entstehen.
Nach dem UNDP-Entwicklungsbericht (HDR) 2001 leben 1,5 Mrd.
Menschen von weniger als 1 US Dollar pro Tag und 2,8 Mrd. von

weniger als 2 US Dollar pro Tag. Ein Prozent der reichsten Menschen der Erde verfügen über gleich viel materielle Güter wie die ärmsten 57%.

In diesem Zusammenhang möchte ich auf eine Studie von V.A. Pai Panadiker hinweisen, die sich mit den Problemen der Bevölkerung in Südostasien – diese gelten, meiner Meinug nach auch für Westasien – auseinandersetzt. Dies sind Bevölkerungswachstum, Armut, langsame wirtschaftliche Entwicklung, hohe Analphabetenrate, hohe Kindessterblichkeit, schlechte medizinische Versorgung, Abwesenheit demokratischer Prozesse, Versagen politischer Parteien, politische Ambitionen der Armeen, zunehmende Korruption, Zunahme von Gewalt und ethnischen Konflikten sowie Umweltzerstörung.

All diese Beispiele sollten uns dazu veranlassen, das Konzept von Sicherheit neu zu definieren; und es nicht nur auf militärische Zusammenhänge zu reduzieren. Soziale und wirtschaftliche Aspekte sind genauso wichtig und entscheidende Voraussetzungen für Stabilität.

Ebenso wichtig in der globalen Diskussion sind die Themen Umwelt und Umweltschutz. Diese Themen lösen noch immer beträchtliche Kontroversen aus und sind – unglücklicherweise – noch immer abhängig von politischen Interessen.

Die extensive Nutzung von Ressourcen, die wir heute erleben, verursacht schwere Umweltprobleme und gefährdet den Lebensraum zukünftiger Generationen. Die Methodologie der Global Marshall Plan Initiative ist insofern vorbildlich, als dass sie eine Möglichkeit bietet, Nachhaltigkeit im Umweltfragen zu erreichen, die die Endlichkeit der natürlicher Ressourcen unseres Planeten berücksichtigt, indem ressourceneffiziente Technologien und Lebensstile gefördert und belohnt werden. Wir haben den nachkommenden Generationen gegenüber die Pflicht, dafür zu sorgen, dass unsere Kinder nicht eine zerstörte und ausgebeutete Umwelt erben.

In den vergangenen Monaten hat die Royal Scientific Society, eine unabhängige nationale Forschungs- und Entwicklungsorganisation in Jordanien, mehrere Treffen der Trans-Mediterranean Renewable Energy Collaboration (TREC) abgehalten. Dieses internationale Netzwerk von Wissenschaftlern, Politikern und Experten – alle engagiert im Bereich erneuerbare Energien – bekennt sich zu den Zielen der Klimastabilisierung, der gerechten Entwicklung und der Zusammenarbeit der Mittelmeeranrainer für ihre gemeinsame Zukunft. TREC hat sich das Ziel gesetzt, die Vision einer transmediterranen Zusammenarbeit im Bereich der erneuerbaren Energie zu entwickeln und umzusetzen.

In seiner Stellungnahme zum Weltgipfel zur nachhaltigen Entwicklung hat der Club of Rome betont, dass Regierungsstrukturen dahingehend verändert werden müssen, dass alle vom Wachstum profitieren können. Bis jetzt wurden in Johannesburg nur geringe Fortschritte bezüglich der Reform der „Global Governance"-Strukturen gemacht, namentlich bei Organisationen der Vereinten Nationen und den Bretton-Woods-Institutionen. Der Schwerpunkt muss daher darauf gelegt werden, globale Strukturen zu entwickeln, die lokale Entwicklung von Ressourcen für globale Zwecke ermöglichen. Dieses System soll lokale Traditionen aufrechterhalten und schützen, aber gleichzeitig eine gemeinsame globale Kultur befördern. Darüber hinaus sind neue Richtlinien zu schaffen, die eine gewisse Form der Kontrolle durch die lokale Bevölkerung erlaubt – wie es in einer Reihe von Dokumenten der Vereinigung der indigenen Nationen in Brasilien gefordert wird:

- Die indigene Bevölkerung hat die Kontrolle über die Verarbeitung von Produkten bevor diese auf den Markt gelangen.
- Die indigene Bevölkerung hat die Kontrolle über den Warentransport zu den Märkten.
- Die indigene Bevölkerung sollen ihre eigenen Kontakte zu den Märkten via nationale und internationale Organisationen nutzen können.

Wir begrüßen eine Kultur der Globalisierung, in der Freihandelsbeschränkungen aufgehoben und der freie Informations-, Dienstleistungs- und Warenverkehr gefördert werden, so dass diese allen zugänglich werden. Eine teilweise Verwirklichung dieser Kultur ist durch den technologischen Fortschritt im Bereich Kommunikationstechnologie möglich geworden. Aufgrund der besonderen Sensibilität des kulturellen Erbes der indigenen Völker und seiner besonderen Bedeutung für das Leben der Menschen, ist es entscheidend, die Gesetzgebung dahingehend zu reformieren, dass dieses Erbe vor dem zunehmenden globalen Austausch geschützt wird.

Dr. Vandana Shiva, eine bekannte Umweltschützerin, hat richtig beobachtet, dass im Zeitalter der Globalisierung Natur, Wasser und indigene Nutzpflanzen Warencharakter annehmen und von Firmenkonglomeraten monopolisiert werden, so dass die indigenen Völker dieser Ressourcen beraubt werden. Nach ihrer Auffassung unterstützen Weltbank, IMF und WTO tendenziell diese Entwicklungen. Der unabhängige Ökologe Robert Prescott-Allen hat festgestellt, dass die US Wirtschaft jährlich Pflanzenproben und -samen aus Ländern außerhalb der USA im Wert von 66 Mrd. US Dollar beziehen, ohne dafür zu bezahlen. Diese Summe entspricht in etwa den Gewinnen der arabischen Welt aus dem Verkauf von Rohöl pro Jahr.

Die Europäische Union hat sich zu einer wichtigen politischen Einheit und einem gewichtigen Mitspieler in der globalen Politiken entwickelt. Aus diesem Grund betrachten wir es als notwendig, dass die EU eine wichtige Rolle bei der Förderung des Global Marshall Plan übernimmt – insbesondere als einer der Unterzeichner von über 40 Konventionen (u. a. das Abkommen zu Biodiversität und die Baseler Übereinkommen zur Kontrolle grenzübergreifender Transporte von Gefahrengütern und deren Beseitigung). Umweltfragen rangieren in den USA nur auf Platz neun, während sie in der Europäischen Union zu den wichtigsten fünf Themen für europäische Wähler gehören und ein wesentliches Thema in der europäischen Zusammenarbeit bilden.

Ganz offensichtlich hat die EU aufgrund ihrer sozialen und Umweltstandards viel zu bieten. Ähnlich wie dies im EU-Projekt Europäische Umwelterziehung (EEE) geschieht, könnte global an einer ökologischen Bewusstseinsbildung gearbeitet werden, so dass dieses Projekt weltweit durchgeführt würde.

Bildung war und ist nicht zuletzt ein Hauptanliegen sowohl des Club of Rome als auch der UNESCO. Zurzeit bereiten wir eine Konferenz über die Anwendung von Informations- und Kommunikationstechnologien im Entwicklungsbereich, vor allem im Zusammenhang mit Ausbildungsprozessen, vor. Die Konferenz wird wesentliche Elemente der Entwicklungsstrategie der Weltbank und der UN Umwelt- und Entwicklungsdeklaration übernehmen. Zusätzlich sollen Ergebnisse und Empfehlungen dieser Konferenz in die zweite Runde des World Summit on the Information Society (WSIS) in Tunis einfließen. Sie werden außerdem den Delegationen der einzelnen Staaten, nationalen Politikern, Vertretern der NGOs und den beteiligten Unternehmen übermittelt.

Nach den beiden letzten Weltgipfeln für Nachhaltigkeit und zur Informationsgesellschaft in Johannesburg und Genf, hat der Club of Rome mehrere Erklärungen veröffentlicht, die die wichtige Rolle der Bildung als ersten Schritt zur Armutsbekämpfung und der Entwicklung nachhaltiger Gesellschaften hervorheben. Die UNESCO hat inzwischen über Jahrzehnte weitreichende Erfahrungen im Bereich der Nutzung von ICTs für Entwicklung gesammelt, jüngstes Beispiel ist die erst kürzliche gebildete Initiative Education for All.

Zum Abschluss wünsche ich dem Global Marshall Plan, dass er substantiell dazu beizuträgt, dass wir in unserem globalen Dorf die notwendige nachhaltige Entwicklung einleiten können. Dies sollte uns mit der Unterstützung von Menschen aus der ganzen Welt gelingen, die guter Wille, Einsicht und Voraussicht auszeichnen. Vor uns liegt ein kühnes Ziel, das eine kollektive globale Anstrengung notwendig macht, damit wir eine gerechte Verteilung der Weltressourcen erreichen.

Literatur

1   V.A. Panadiker (ed.). Problems of Governance in South Asia. New Dehli, 2000.

2   Research Foundation for Science Technology and Ecology (RFSTE), gegründet von Dr. Vandana Shiva im Jahre 1982. Das RFSTE setzt sich für den Erhalt der Artenvielfalt und den Schutz der menschlichen Rechte vor Angriffen auf ihre Existenz und ihre Umwelt durch zentralisierte Monokulturen in Forstwirtschaft, Landwirtschaft und Fischfang ein.

3.   Referenz: SPEECH/02/184 Date:2610412002 Margot Wallstrom, Mitglied der EU-Kommission, verantwortlich für den Bereich Umwelt. Rede vor dem Europa Institut, Washington, betitelt 'EU and US Approaches to Environment Policies'.

Prof. Dr. Ernst Ulrich von Weizsäcker

- 1939 geboren, verheiratet, 5 Kinder
- 1965 Studium der Physik in Hamburg (Physikdiplom)
- 1969 Promotion (Dr. rer. nat. Biologie) in Freiburg
- 1969 bis 1972 wissenschaftlicher Referent, evangelische Studiengemeinschaft, Heidelberg
- 1972 bis 1975 ordentlicher Professor für Biologie, Uni Essen
- 1975 bis 1980 Präsident Universität Kassel
- 1981 bis 1984 Direktor am UNO Zentrum für Wissenschaft und Technologie, New York
- 1984 bis 1991 Direktor am Institut für Europäische Umweltpolitik
- 1991 bis 2000 Präsident des Wuppertal Instituts
- Seit 1998 Mitglied des deutschen Bundestags
- 1999 bis 2002 Vorsitzender der Enquetekommission „Globalisierung"
- Seit 2002 Vorsitzender des Umweltausschusses
- Seit 1992 Mitglied des Club of Rome
- 2002 bis 2004 Mitgied der Weltkommission für die Soziale Dimension der Globalisierung

Autor (u.a.): „Erdpolitik" (1989), „Ecological Tax Reform" (1992), „Faktor Vier" (1995, mit Amory Lovins). 2005 erscheint das Buch „Limits to Privatization" (Earthscan, London, mit Oran Young und Matthias Finger).

Grenzen der Privatisierung
Balance zwischen Öffentlich und Privat

Prof. Ernst Ulrich von Weizsäcker

Es freut mich ganz besonders und ehrt mich sehr, heute in dieser großartigen Reihenfolge von Rednern noch ein paar Worte hinzuzufügen. Wir wissen alle, das haben auch die beiden Einleitungsvorträge gezeigt, wir brauchen Balance. Die Welt ist in Gefahr aus der Balance zu gehen.

Unser Freund Franz Josef Radermacher hat ein hervorragendes Buch geschrieben – „Balance oder Zerstörung". Die Balance brauchen wir in vielen Bereichen, z.B. bei der Frage Ökologie oder Ökonomie – das ist das Programm des Ökosozialen Forums. Wir brauchen sie bei der Frage öffentlich oder privat. Darauf komme ich nachher zu sprechen. Wir brauchen sie bei der Frage Solidarität (die gut ist für die Schwachen) und Leistungsprinzip (das gut ist für die Starken). Wir brauchen sie bei der ganz generellen Frage Ordnung und Freiheit. Es geht darum, die Balance in all ihren Facetten wieder herzustellen.

Franz Josef Radermacher gibt eine sehr einfache Formel für Verteilung an. Die Einkünfte der Ärmsten, z.B. 20 Prozent, dividiert durch die Einkünfte des Durchschnitts. Wenn dieser Quotient den Wert Null hat, dann hat einer alles und alle anderen haben nichts, so dass fast alle verhungern. Wenn dieser den Wert Eins hat, haben wir die totale Gleichverteilung und es gibt keinerlei Leistungsanreiz. Offensichtlich kann die Welt nur in Ordnung und in Balance sein, wenn der Wert dazwischen liegt. Es zeigt sich, dass diejenigen Länder, bei denen dieser Wert zwischen 0,45 und 0,65 liegt, die erfolgreichen Länder sind. Wo er zu niedrig ist, werden ihre Talente vergeudet und das ist auch ökonomisch schlecht. Abgesehen davon ist es menschlich unfair. Und die Länder, die einen Wert über 0,65 hatten, zu denen eine Zeit lang auch Österreich, Deutschland und Schweden gehörten, hatten zuviel Staat und zu wenig Leistungsanreiz. Es war somit auch völlig richtig, dass man den Wert hier ein Stück weit nach unten korrigiert hat.

Wenn man nun feststellt, dass auf Weltebene Radermachers Wert unter 0,15 liegt, weiß man, dass die Welt überhaupt nicht in Balance ist und damit weit, weit weg vom ökonomischen Optimum – ganz abgesehen von der menschlichen Gemeinheit, die in der extremen Ungleichverteilung liegt. Was noch schlimmer ist: Der Wert nimmt laufend immer noch weiter ab!

Ein Indikator für diesen skandalös niedrigen Gleichheitswert ist das Verhungern und Verelenden von vielen Millionen Menschen jährlich. Zugleich ist die Ungleichheit Anlass für zahlreiche kriegerische Konflikte. Und schließlich ist sie der Ausgangspunkt für die Überlegung zu einem Global Marshall Plan gewesen. Die heutige Tagung bringt hoffentlich Fortschritte auf diesem Wege.

Wenn wir uns fragen, warum wir heute weltweit einen blamablen niedrigen Wert von 0,125 haben, müssen wir uns um die Politik und die Politikgeschichte kümmern, die hierzu geführt hat, besonders in den letzten 14 Jahren. Die letzten 14 Jahre, das ist die Zeitspanne, die Bundespräsident Fischer vorhin mit dem Wort Globalisierung belegt hat. Und er hat sehr mit Recht gesagt, das Globalisierung und ihre Folgen kein historischer Automatismus sind. Wir können etwas gegen negative Folgen tun.

Voraussetzung für vernünftiges Tun ist die Aufklärung. Lassen Sie mich in der historischen Analyse darüber, was da eigentlich passiert ist, ein viertel Jahrtausend zurückgehen – in die Mitte des 18. Jahrhunderts. Das war die Zeit von Montesquieu, von Locke, später von Voltaire und Kant, Hume sowie auch von Adam Smith. Die Aufklärung stand am Anfang der Demokratie und des Marktes. Es war die Erkenntnis, bei Adam Smith, dass die absolute Königsherrschaft die im Egoismus liegenden Talente des Menschen verkümmern lässt, und dass es gut für das Entstehen von Wohlstand ist, diesen Egoismus zu befreien. Dabei war es für ihn völlig selbstverständlich, dass der Staat die Regeln dazu setzt und man einen Rechtsstaat hat. Gleichzeitig entwickelte sich die Demokratie, die dafür sorgte, dass immer wieder, wenn sich die Starken zu sehr ausdehnten, etwas davon zurückgeholt wurde. Demokratie steht für das Prinzip der Solidarität.

Diese Balance war die Situation, die in unterschiedlicher Form bis zum Ende des Kalten Krieges dominant war. Staat und Demokratie haben eine gesunde Marktwirtschaft ermöglicht und gesteuert, aber selbstverständlich hat der Staat jederzeit die Macht und das Geld gehabt, um die Balance immer wieder herzustellen.

Der Beginn des Kalten Krieges war auch die Zeit als George Marshall, der damalige amerikanische Außenminister, seinen Marshall Plan entwickelte. Der Plan war eine Kampfansage gegen den damals äußerst expansiven Kommunismus. Die Abwehr des Kommunismus stand auch für die Soziale Marktwirtschaft von Ludwig Erhard Pate. Jahrzehnte später, als Josef Riegler das Konzept der Ökosozialen Marktwirtschaft prägte, war auch das eine Kampfansage gegen den außerordentlich „schmutzigen" Kommunismus.

Die Rivalität zwischen Marktwirtschaft und Kommunismus hatte also ihr Gutes: sie hat die Marktwirtschaft veranlasst, sich aktiv um das Halten der Balance zu kümmern. Nach 1990, als der Kommunismus in sich zusammenfiel, war auch die Notwendigkeit der Rechtfertigung weg. Und nun kehrte sich das Machtverhältnis um. Seither diktieren die Märkte den Staaten, was diese zu tun haben.

1990 brachte also die Harmonie von Markt und Demokratie zum Einsturz. Jetzt regieren die Märkte und die Demokratie gehorcht. Eines der Phänomene, das wir seit 1990 beobachten, ist ein systematisches Erodieren der Unternehmensbesteuerung. Die Unternehmen sagen z.B. dem österreichischen Bundeskanzler „Es gefällt uns hier nicht. Ihr habt zu hohe Steuern. Wir gehen lieber nach Tschechien, Irland oder Thailand." Wenn sie die Österreicher dann klein geknetet haben, dann gehen sie nach Schweden oder nach Deutschland, dann nach Japan, dann nach Neuseeland und irgendwann sind sie wieder hier. Auf diese Weise wird weltweit die Steuerbasis erodiert. Insofern ist es ein stückweit Traumtänzerei, wenn meine Freundin Eveline Herfkens im Auftrag von Kofi Annan durch die Welt zieht und die Staaten an die Finanzierung der Millennium

Development Goals mahnt. Das ist schön gesagt, aber mit Staaten, die tief im Defizit sind, die nicht mal mehr ihre Universitäten richtig bezahlen können, die sich zu einem rasanten Sozialabbau veranlasst sehen und ihre Kommunen verkümmern lassen, so dass diese ihre Schwimmbäder schließen – mit solchen Staaten den Global Marshall Plan zu finanzieren, ist leider eine Illusion. Aber mit tagespolitischen Ratschlägen kommen wir auch nicht viel weiter. Wir müssen leider noch einmal ins Grundsätzliche gehen. Ich meine, wir brauchen heute nichts weniger als eine neue Aufklärung!

1748, als Charles de Montesquieu die Gewaltenteilung als Grundpfeiler der Demokratie entwickelte, gab es im absolutistischen Frankreich keinerlei Gewaltenteilung. Der König hatte alle administrative, legislative und juristische Gewalt. Das war natürlich eine Katastrophe für alle, die nicht Hofschranzen waren. Irgendwann hat die aufklärerische Idee von Montesquieu die Massen erfasst und sie haben sich zur Wehr gesetzt. Man hatte in Amerika die Unabhängigkeitserklärung verfasst und später auf Montesquieu fußend die Verfassung beschlossen. Das Gedankengut der Aufklärung und der Demokratie breitete sich über die ganze Welt aus. So unglaublich stark kann Aufklärung sein! Heute geht es darum, darüber aufzuklären, dass die Welt durch den Absolutismus des globalisierten Marktes aus der Balance geraten ist.

Ich will nun von einem speziellen „Aufklärungsakt" sprechen, an dem ich ein stückweit selbst beteiligt bin. Mit meinen Freunden Professor Oran Young aus Kalifornien und Professor Matthias Finger aus Lausanne in der Schweiz, haben wir einen Bericht an den Club of Rome zusammengestellt, „Limits to Privatisation", für den wir in den letzten zwei Jahren rund 60 Beispiele der Privatisierung zusammengetragen haben. Die Privatisierung ist wirklich zu einem Welttrend geworden – übrigens hauptsächlich in den Entwicklungsländern. In den Entwicklungsländern ist der Anteil der Staatswirtschaft dramatisch gesunken. In den mittleren Einkommensländern ist dieser Trend noch nicht so stark und bei uns hat sich noch gar nicht allzu viel getan. Trotzdem gibt es auch bei uns schon riesige Aufregung darüber – und mit Recht. Die britische Bahn, viele kommunale Wasserwerke, vielerorts die Post und das Telefon und so weiter.

Aber die Unzufriedenheit mit der Privatisierung ist in den Entwicklungsländern am größten und nimmt weiter zu. 70 bis 80 Prozent der Bevölkerung empfindet Privatisierung heute als ein Übel. Kein Wunder! Man erinnert sich an die Volksproteste in Cochabamba in Bolivien gegen die Privatisierung der Wasserwerke, wo plötzlich die Wasserpreise so hoch wurden, dass das Volk meinte, das Wasser nicht mehr kaufen zu können. Oder die Privatisierung des Militärs in Afrika, mit der Wirkung, dass im Grunde nur noch diejenigen militärischen Schutz genießen, die reich sind. Oder die Privatisierung der Stromversorgung, der Telekommunikation, des Versicherungswesens, der Bildung. In Kasachstan können sich heute im Wesentlichen die Reichen die Bildung leisten. Die Ärmeren kaum.

Ich war sehr glücklich, dass Prinz Hassan unsere Freundin Vandana Shiva erwähnt hat. Sie hat sich besonders exponiert gegen die Privatisierung des uralten indischen Volkswissens über den Neembaum. Pharmakonzerne aller Welt haben versucht, das Volkswissen zu stehlen und zu Privateigentum zu machen, so dass am Ende das indische Volk sein eigenes kulturelles Wissen kaufen muss. Es wird in Indien als Skandal angesehen! Dagegen gibt es dann mit Recht öffentliche Proteste. „Kein Patent auf Diebstahl!" heißt es auf den Spruchbändern etwa vor dem Europäischen Patentamt in München.

Der Markt beeinflusst auch die Forschungsprioritäten sehr stark. Wenn man sich anschaut, wie viel in der Pharmaforschung in die Erforschung neuer Komponenten für Tropenkrankheiten gegangen ist, sieht man, dass es kläglich wenig ist. Gerade mal ein Prozent. Der Rest ist für Arzneimittel für die Reichen. Es wird heute mehr Geld in der Pharmaforschung für die Erforschung von Pharmazeutika gegen Fettsucht ausgegeben als gegen sämtliche Tropenkrankheiten zusammengenommen. Warum? – Weil die „Fetten" reich sind.

Die Armen sind auch auf staatliche Versicherungen angewiesen. Dazu ein Beispiel aus Chile. Es gibt dort noch die öffentliche Krankenversicherung, und dort finden sich die Armen wieder. In den privaten Krankenversicherungen sind hauptsächlich die Reichen.

Aber selbst Wohlhabende werden teilweise Opfer von Privatisierung. Das sieht man etwa an Hausbesitzern in Deutschland. Dem neoliberalen Zeitgeist und einer EU-Richtlinie folgend, mussten hier die Gebäudeversicherungen liberalisiert werden und wurden dann auch privatisiert. Jetzt denkt jeder, der neoliberal-ökonomische Lehrbücher gelesen hat, dass die Prämien runtergehen, weil doch der Staat als ineffizienter Moloch angesehen wird. Aber genau das Gegenteil war der Fall. Die Prämien sind um etwa 50 Prozent gestiegen! Warum? Der Staat hatte ein Monopol und hatte gar kein Interesse daran, Versicherungsvertreter zu beauftragen, um Konkurrenten die Kunden abspenstig zu machen. Dagegen hat die Privatwirtschaft genau das getan und irgendjemand muss die Versicherungsvertreter bezahlen. Am Ende zahlt es der Kunde.

Der religiös gefärbte Glaube, dass der Markt effizient und der Staat ineffizient ist, ist empirisch falsch, aber die Politik tut noch so, als sei das so. Und in der Machtsituation, wo das internationale Kapital den Staaten vorgibt, was sie tun sollten, fahren sie fort zu privatisieren – völlig unabhängig von der Frage der Effizienz.

Schauen wir uns ein weiteres Beispiel von Privatisierung an, die Telekommunikation in Mexiko, Uruguay und Argentinien. Mexiko ist das Lehrbuchbeispiel für eine gelingende Privatisierung. In allen Ländern war das System staatlich, ineffizient, veraltet und teuer. Dann hat man in Mexiko, auch unter dem Druck des nördlichen Nachbarn, privatisiert. Nach fünf oder sechs Jahren war das System privat, modern und billig. In Uruguay jedoch hat man nicht privatisiert, aber exakt den gleichen Fortschritt erreicht wie in Mexiko! In Argentinien hat man privatisiert und das System hat sich kaum verbessert und blieb schlechter als in Uruguay. Weder ein sozialistisches noch ein marktwirtschaftliches Lehrbuch kann das alles erklären. Man muss eben genau hinschauen, wie die Realität ist. Das ist auch das Ziel unseres neuen Berichts an den Club of Rome [1].

Ein weiteres Beispiel aus dem Buch: In Grenoble hatte man die staatliche Wasserversorgung privatisiert. Die Preise schossen alsbald in die Höhe. Schlimmer noch: die Investitionen stagnierten. Das System veraltete. Dann hat man es wieder teilverstaatlicht. Die Preise sanken etwas und die Investitionen zogen wieder an. Da das noch nicht reichte, hat man nun das ganze System wieder verstaatlicht, so dass heute die Investitionen wieder auf einem Niveau sind, das den Modernitätsstand erhält. Da kann man nur sagen: „Glückliches Grenoble": – die hatten noch Geld dafür, um das System wieder zu verstaatlichen. In den allermeisten Städten der Welt geht das gar nicht mehr.

Wir haben uns Mühe gegeben, gute und schlechte Beispiele für Privatisierung zu finden. Wir haben keine Ideologie hineingesteckt. Das sieht man auch am Untertitel des Buches „How to Avoid Too Much of a Good Thing?" Wir nehmen an, dass die Privatisierung eine gute Sache ist, aber man darf es nicht übertreiben sondern man muss die Balance beibehalten. Die Realität ist gemischt und wir müssen versuchen, daraus Schlussfolgerungen zu ziehen. Wir brauchen einen starken Staat, der die Regeln setzt. Wir sollen nicht privatisieren, was öffentliches Gut bleiben soll. Wir brauchen keine ideologische Privatisierung. Der Staat muss nicht nur das Rückkaufrecht behalten, sondern er sollte auch das nötige Geld dafür behalten.

Und schließlich: Wir brauchen einen dritten Sektor – zwischen Privat und Staat – auch das ist gut für die Balance. Ich denke da z.B. an die halböffentlichen Banken. Gerade die kleinen Sparkassen finanzieren die kleinen Mittelständler, die kleine Geschäfte aufbauen. Die Stiftungen sind sehr wichtig. Dann brauchen wir die Zivilgesellschaft – die kann entscheidend dazu beitragen, die Balance zwischen dem öffentlichen und dem privaten Sektor wieder herzustellen. Sie ist nicht Teil des Staates, sie kooperiert zuweilen mit der Privatwirtschaft, aber sie vertritt öffentliche Interessen.

Ich hoffe sehr, dass diese Art der Aufklärung wesentlich dazu beiträgt, dass dann auch die Finanzierung des Global Marshall Plans und des Friulanischen Manifests wieder in greifbare Nähe kommt, weil der Privatsektor sich durch die neu entstandene Gegenmacht genötigt sieht, sich wieder anständig zu verhalten, wie es auch in der Zeit nach der ersten Aufklärung der Fall gewesen ist.

1   E. U. von Weizsäcker, O. Young und M. Finger (Hrsg.): Limits to Privatization. How to Avoid Too Much of a Good Thing. London: Earthscan. 2005

Dr. Josef Riegler, Vizekanzler a.D.

- 1938 geboren in Judenburg, verheiratet, zwei Kinder
- 1960 bis 1965 Universität für Bodenkultur in Wien (Dipl.-Ing.)
- 1965 bis 1971 Fachlehrer an landwirtschaftlichen Fachschulen und Generalsekretär der Katholischen Aktion in der Steiermark
- 1971 bis 1972 Direktor der Landwirtschaftlichen Fachschule in Stainz, Steiermark
- 1972 bis 1980 Direktor des Steirischen Bauernbundes
- 1980 bis 1983 Direktor des Österreichischen Bauernbundes
- 1975 bis 1983 Abgeordneter des Nationalrates
- 1976 bis 1986 Agrarsprecher der ÖVP
- 1983 bis 1987 Mitglied der steiermärkischen Landesregierung
- 1987 bis 1989 Bundesminister für Land- und Forstwirtschaft
- 1989 bis 1991 Vizekanzler und Bundesparteiobmann der ÖVP
- 1991 bis 1993 Abgeordneter des Nationalrates, Energie-sprecher der ÖVP
- Seit 1991 Präsident des Ökosozialen Forums Österreich
- 1994 bis 2003 Generalanwalt-Stellvertreter des Österreichi-schen Raiffeisenverbandes
- 1996 bis 2003 Vizepräsident des Verbandes der Europäischen Landwirtschaft (CEA)
- 1999 Verleihung des Ehrendoktorats der Universität für Bodenkultur, Wien
- Seit 2001 Präsident des Ökosozialen Forums Europa

Der Global Marshall Plan für eine weltweite Ökosoziale Marktwirtschaft

Dr. Josef Riegler

Mit dem Projekt „Global Marshall Plan für eine weltweite Ökosoziale Marktwirtschaft" hat meine vor 17 Jahren begonnene Arbeit ihren bisherigen Höhepunkt erreicht. Ökosoziale Marktwirtschaft: Das ist der Weg der Balance. Es geht um die Ausgewogenheit zwischen drei sehr unterschiedlichen Zielen:

- einer wettbewerbsstarken, auf Innovation und technologischer Spitzenleistung beruhenden Wirtschaft;
- dem Bemühen um soziale Fairness im Kleinen und im Großen als Voraussetzung für Frieden und ein stabiles Gemeinwesen;
- um Ökologie im Sinne des nachhaltigen Schutzes unseres Lebensraumes für die Menschheit heute und für alle künftigen Generationen.

Meine Erfahrung ist:

Unser derzeitiges Wirtschaftssystem begünstigt sehr oft die „Nicht-Nachhaltigkeit". Preise, Kosten, Tarife, Steuern etc. sprechen nicht die „ökologische Wahrheit". Wer nachhaltig handelt ist sehr oft wirtschaftlich und finanziell benachteiligt. Daher: Mit Verboten, Appellen, Kontrollen und ein wenig Förderung lässt sich das Ziel der Nachhaltigkeit nicht erreichen. Wir müssen die Sache umdrehen und den Markt zum Motor für Nachhaltigkeit machen.

Das heißt ganz konkret: Ökologische Wahrheit in der Gestaltung der Preise und Kosten durch strikte Anwendung des Verursacherprinzips, d.h. längerfristiger und systematischer Umbau unseres Steuer- und Abgabensystems sowie Überprüfung der bestehenden Gesetze und Verordnungen und des Förderungssystems daraufhin, ob es Nachhaltigkeit begünstigt oder behindert. Ökosoziale Marktwirtschaft ist daher in erster Linie eine Forderung an die Politik! Parlamente und Regierungen haben die Aufgabe, jene Spielregeln und Rahmenbedingungen zu schaffen und durchzusetzen, damit fairer Wettbewerb die innovativen Kräfte in der Wirtschaft fördert.

Dadurch wird auch der Boden für das Prinzip der Solidarität und für eine nachhaltige Entwicklung bereitet. Diese Spielregeln müssen nicht nur auf Ebene der EU sondern mehr und mehr auf globaler Ebene geschaffen werden. Ökosoziale Marktwirtschaft erfordert daher eine starke und entscheidungsbereite Politik mit globaler Vernetzung und Kooperation.

Begonnen hat das ökosoziale Modell mit meinem Programm für eine neue Form von Landwirtschaftspolitik im Januar 1987. Darin habe ich erstmals wirtschaftliche Wettbewerbsfähigkeit, sozialen Ausgleich und Ökologie im Sinne des Schutzes unseres Lebensraumes als gleichrangige und gleichwertige Ziele definiert und dieses Konzept mit dem Kürzel „Ökosoziale Agrarpolitik" bezeichnet. Bis 1989 habe ich daraus, gemeinsam mit vielen Mitwirkenden aus Wissenschaft, Wirtschaft und Politik, das Modell der Ökosozialen Marktwirtschaft entwickelt. Bereits 1991 hat sich die Europäische Demokratische Union zu diesem Modell bekannt:

„Es ist unsere Aufgabe als EDU, der Sozialen Marktwirtschaft eine weitere Dimension zu verleihen: Ökologische Zielsetzungen. Sie sollen die Soziale Marktwirtschaft in eine Ökosoziale Marktwirtschaft verwandeln. Die in der EDU vereinten Parteien wollen die treibende Kraft bei der Umsetzung dieser Grundsätze in eine internationale Strategie für eine tragbare und umweltverträgliche Entwicklung sein."

(EDU, Bulletin 43, Bericht zur Umweltpolitik, 1991)

Dann kam allerdings eine Durststrecke, die unsere Ausdauer sehr auf die Probe gestellt hat. Zum Glück konnte ich 1992 mit Ernst Scheiber das Ökosoziale Forum Österreich ins Leben rufen. Damit hatten wir eine überparteiliche Plattform, mit der die ökosoziale Idee trotz Gegenwind und Ignoranz über Jahre hindurch getragen werden konnte. Die Modewelle des Neo-Liberalismus schien uns in den 90er Jahren phasenweise an den Rand zu drängen. Zwei Ereignisse waren wichtig für die weitere Entwicklung:

1. Zwischen 1996 und 1999 nahm das „Europäische Modell der Landwirtschaft" mehr und mehr Gestalt an. Ihr Wesensmerkmal war die Abkehr von einer eindimensional industrialisierten Landwirtschaft mit Ertragsmaximierung auf Kosten von Umwelt, Sicherheit, Gesundheit und Qualität. Die zweimalige Heimsuchung durch die BSE-Seuche 1996 und 2000 war ein Fanal.

   Europäisches Modell heißt: Multifunktionale, nachhaltige, auf Qualität, Gesundheit und Sicherheit ausgerichtete Landwirtschaft als Rückgrat für lebensstarke, vitale ländliche Regionen in der Vielfalt der Chancen und Nutzungsansprüche. Mit dem Europäischen Modell der Landwirtschaft hatte erstmals der ökosoziale Denkansatz in Europa Fuß gefasst. Es war wohl kein Zufall, dass Franz Fischler als Agrarkommissar und Willi Molterer als österreichischer Landwirtschaftsminister sehr federführend bei der Definition des Europäischen Modells gewirkt haben.

2. Das zweite wegweisende Ereignis war meine Begegnung mit Franz Josef Radermacher. Gemeinsam mit fünf weiteren Wissenschaftlern hatte er Ende der 90er Jahre eine Arbeit verfasst unter dem Titel: „Auf dem Weg in eine globale nachhaltige Informationsgesellschaft – eine europäische Perspektive". Darin wurde folgende Schlussfolgerung formuliert: „Es ist die Sicht der Autoren, dass demgegenüber eine Orientierung an den europäischen Erfahrungen der letzten 50 Jahre und insbesondere die Verfolgung der Leitidee einer weltweiten sozialen und ökologischen Marktwirtschaft einen wichtigen Beitrag leisten könnte, um einen Weg hin zu einer globalen nachhaltigen Informationsgesellschaft zu finden."

Damit war die Begegnung zwischen globaler Strategie und Ökosozialer Marktwirtschaft vorgezeichnet! Aus der Erkenntnis, dass in Zeiten des EU-Binnenmarktes, des Euro und der EU-Erweiterung die Rahmenbedingungen immer mehr auf EU-Ebene entschieden und gestaltet werden müssen, haben wir 2001 das Ökosoziale

Forum Europa gegründet, dem selbständige Foren aus Deutschland, Kroatien, Österreich, Slowenien und Ungarn sowie Unterstützer aus einer Reihe weiterer europäischer Länder angehören.

Mit dem Buch von Franz Josef Radermacher „Balance oder Zerstörung" konnte das Ökosoziale Forum Europa im Jahr 2002 als Produzent und Herausgeber gemeinsam mit der Stiftung Weltvertrag von Frithjof Finkbeiner und dem Club of Rome mit Uwe Möller einen wichtigen Impuls für eine breitere Bewusstseinsbildung setzen.

In der EU selbst kamen seit dem Jahr 2000 ganz wichtige Weichenstellungen zum Tragen. Bereits im Vertrag von Amsterdam und im Cardiff-Prozess wurden zuvor schon Nachhaltigkeit und Soziales als durchgängige Prinzipien für die EU-Politik angesprochen. Mit dem Lissabon-Prozess wurde das konkrete Ziel definiert, Europa zum dynamischsten wissensbasierten Wirtschaftsraum zu entwickeln.

Dazu kam die im Jahr 2001 unter schwedischem Vorsitz beschlossene EU-Nachhaltigkeitsstrategie als Vorgabe für alle Mitgliedsstaaten, ihrerseits Strategien für wirtschaftliche Dynamik, sozialen Zusammenhalt und nachhaltigen Umweltschutz zu entwickeln. Dem entspricht die von der österreichischen Bundesregierung im April 2002 beschlossene österreichische Nachhaltigkeitsstrategie. Darin heißt es:

„Nachhaltige Entwicklung ist ein neues, an Langfristigkeit orientiertes Leitbild der Umwelt-, Wirtschafts-, Beschäftigungs- und Sozialpolitik, das weit über Regierungsperioden und Landesgrenzen hinausweist. Intakte Umwelt, wirtschaftliche Prosperität und sozialer Zusammenhalt sollen gemeinsame Ziele der globalen, nationalen und lokalen Politik sein, damit die Lebensqualität für alle Menschen langfristig gesichert ist. Nachhaltige Entwicklung ist daher die Antwort auf die Herausforderung, gesellschaftliche, wirtschaftliche und ökologische Prozesse verantwortungsbewusst zu steuern. Die österreichische Bundesregierung verbindet die politischen Gestaltungsziele für eine nachhaltige Lebens-, Umwelt- und

Standortqualität in Österreich mit der Verantwortung für die Entwicklung auf globaler Ebene."

Die globale Herausforderung

Nun geht es um die riesige und faszinierende Herausforderung, das Modell der Ökosozialen Marktwirtschaft als weltweiten Ordnungsrahmen zu etablieren! Das klingt utopischer als es in der Praxis ist. Wir haben nämlich bereits alle notwendigen Instrumente. Sie müssen nur mit den richtigen Spielregeln ausgestaltet und aufeinander abgestimmt werden. Außerdem hat die Staatengemeinschaft alle für eine friedvolle und nachhaltige Entwicklung unverzichtbaren Ziele bereits definiert und beschlossen. Da sind zunächst die beim Millennium-Gipfel im Jahr 2000 von 150 Staatsoberhäuptern feierlich beschlossenen Millennium Development Goals, wonach bis 2015 u. a. folgende Ziele realisiert werden sollen:

- Halbierung der Armut
- Volksschulbesuch für jedes Kind
- Reduzierung der Kindersterblichkeit auf ein Drittel
- Umkehrung der Trends bei den großen gesundheitlichen Bedrohungen wie HIV/Aids oder Malaria und beim Verlust von Umweltressourcen.
- Halbierung der Zahl der Menschen, die keinen Zugang zu trinkbarem Wasser haben.
- Herbeiführung einer neuen Partnerschaft für Entwicklung, das heißt offenes Welthandels- und Weltfinanzsystem, Überwindung der Schuldenproblematik, Schaffung von Arbeitsmöglichkeiten, Zugang zu Medikamenten und modernen Technologien, Verpflichtung zu „Good Governance"

In Folge der Rio-Konferenz wurden im Rahmen des UNEP sowie des Kyoto-Protokolls ökologische Ziele und Standards definiert. Wir haben die sozialen Ziele in der Internationalen Arbeitsorganisation (ILO). Wir haben die Welthandelsorganisation (WTO), den Internationalen Währungsfonds (IMF) und die Weltbank als höchst effiziente Organisationen für Welthandel und Weltfinanzen. Was fehlt ist die notwendige Verknüpfung und Gleichwertigkeit. Leider stimmt das, was der Volksmund sagt: Der „Ober" sticht den „Unter".

Der „Ober" ist die Welthandelsorganisation. In der WTO sind ökologische oder soziale Kriterien nicht vorgesehen. Im Gegenteil: Wenn z.B. die EU Produkte wegen Verstoß gegen die innerhalb der EU geltenden sozialen oder ökologischen Kriterien nicht importieren lässt, wird sie mit einer Strafzahlung bestraft. Genau bei dieser Widersprüchlichkeit wollen wir mit dem Modell „Global Marshall Plan für eine weltweite Ökosoziale Marktwirtschaft" ansetzen. Dieses Projekt ist bisher einmalig in der Geschichte. Es gibt eine ganze Reihe richtiger, lobenswerter und guter Einzelprojekte und Vorhaben. Aber es gibt noch nirgends ein in sich so schlüssiges und umfassendes Modell wie wir Initiatoren es seit über einem Jahr erarbeitet haben.

Das „Um" und „Auf" sind die zwei Pfeiler unseres Konzeptes:

- Die innovative zusätzliche Mittelaufbringung zur tatsächlichen Realisierung der Millennium Development Goals auf der Basis von Partnerschaft, Mitverantwortung und „Good Governance".
- Die Realisierung von weltweiter Ökosozialer Marktwirtschaft durch Implementierung der gleichen ökologischen und sozialen Standards in allen wichtigen globalen Institutionen und Vereinbarungen.

Die Untrennbarkeit dieser beiden Komponenten ist unerlässlich für den Wesenskern und die Einzigartigkeit des Projektes „Global Marshall Plan für eine weltweite Ökosoziale Marktwirtschaft". Bleibt die Frage nach den Realisierungschancen und der Umsetzbarkeit. Hier beginnt das weite Feld der Skeptiker, Pessimisten und Kleinmütigen. Stellt sich die Gegenfrage: Was sind die Alternativen? Das weitere Auseinandertreiben der Schere zwischen Arm und Reich, zwischen Mächtig und Ohnmächtig, zwischen Überfluss und Verzweiflung führt unweigerlich zu Katastrophen und zu einer unheilvollen Spirale der Gewalt. Daher haben wir den Weg beschritten, der als einer der wenigen ein friedliches Miteinander und eine auf Dauer mögliche Balance zwischen Menschheit und begrenztem Lebensraum verspricht.

Unsere Hoffnung ist die EU, denn der Global Marshall Plan für eine weltweite Ökosoziale Marktwirtschaft entspricht der Erfahrung, der Philosophie und Kultur eines europäischen Integrationsprozesses, der Einheit in Vielfalt möglich macht. Und zwar deshalb, weil das Prinzip der Solidarität und das Bekenntnis zu gemeinsamen Normen die Basis bilden. Wir appellieren an die Institutionen der EU, sich unser Projekt zu eigen zu machen und es als starker Akteur auf globaler Ebene zu vertreten. Unser Projekt entspricht genau dem, was der heutige deutsche Bundespräsident Dr. Horst Köhler im Oktober des Vorjahres noch als Direktor des Internationalen Währungsfonds als Orientierung für eine bessere Globalisierung formuliert hat:

„Markt allein genügt nicht. Deshalb brauchen wir einen weltumspannenden Ordnungsrahmen für die Globalisierung mit anerkannten Regeln und effektiven Institutionen. ... Ohne Respekt für die menschliche Vielfalt ist die Globalisierung zum Scheitern verurteilt. ... Es kann kein Überleben des Globus geben ohne eine globale Ethik!"

Die Entschlossenheit der Initiatoren haben wir in der Broschüre „Global Marshall Plan" folgendermaßen formuliert:
„Der Global Marshall Plan für eine weltweite Ökosoziale Marktwirtschaft ist überfällig und im besten wohlverstandenen Interesse aller Teile der unteilbaren Menschheit. Wir Initiatoren sind daher fest entschlossen, unsere Initiative so lange voranzubringen, bis sie zum gewünschten Erfolg geführt hat."

Prof. Dr. Peter Heintel

- Studium Mathematik, Physik, Philosophie, Germanistik
- Ausbildungen in Gruppendynamik, Organisationsberatung
- Kaufmännische Ausbildung als Geschäftsleiter
- 1963 Promotion zum Doktor der Philosophie
- 1963 bis 1970 Assistent an der Universität Wien
- 1963 bis 1970 Dozent am Volksbildungshaus Wiener Urania
- 1968 Habilitation für Philosophie
- 1973 zweite Habilitation für Gruppendynamik
- 1974 bis 1977 Gründungsrektor der Universität Klagenfurt
- 1979 bis 1990 Institutsvorstand des Interuniversitären Instituts für Forschung und Fortbildung (IFF)
- 2001 Vorsitzender der Interuniversitären Kommission des IFF
- 1997 bis 2001 Leiter der Abteilung „Studienzentrum für Weiterbildung" am IFF
- 1990 bis 2000 Gründungsobmann des „Vereins zur Verzögerung der Zeit"
- 1996, 1997 und 2001 Wissenschaftliche Leitung: Internationales Klagenfurter Symposium für Mediation
- 2001 bis 2003 Standortleiter IFF Klagenfurt und Graz, verantwortlich für den Arbeitsbereich Interventionswissenschaft, Abteilung Weiterbildung und systemische Interventionsforschung
- ab 2003 Vorsitzender des Senats der Universität Klagenfurt

Das Modell der Neuzeit

Prof. Peter Heintel

Der Herr Bundespräsident hat heute Kant zitiert und den kategorischen Imperativ erweitert. Das bringt mich als Philosophen
dazu Sie noch mit einigen Gedanken zu beschäftigen, die einen
Blick darauf werfen lassen, warum es paradox ist, was gegenwärtig
passiert. Mein Anliegen ist, Sie auf einige Aspekte hinzuweisen, die
sozusagen den Nachweis führen, dass dieses System, in dem wir
leben und das seine Ursprünge sehr früh in der Neuzeit hat, sich zu
einem Denk- und Verhaltenssystem generiert hat, das es selbst uns
schwer macht, aus ihm auszusteigen.

Was gewährleistet vielen einzelnen Menschen gemeinsames
Handeln? Es sind m. E. drei Gewährleistungsebenen zu unterscheiden: Existenzsicherung; Normgebung; Religion, Ideologie,
Weltanschauung. Um Überleben sichern zu können – der Einzelne
ist nicht überlebensfähig – müssen Maßnahmen getroffen werden,
die Kooperationen sichern. Diese müssen normativ abgesichert,
verpflichtend gemacht werden und sanktionierbar sein, schließlich
in diversen Weltinterpretationen begründet, gerechtfertigt bzw. ausgewiesen werden können. Als grundsätzlich „offenes" Wesen werden dem Menschen diese drei Gewährleistungsebenen nicht von
der Natur oder sonst wem geschenkt. Auch wenn zunächst die
Notabwehr viel vorzuschreiben scheint, zeigt auch sie bereits in
ihren Anfängen, dass zu ihrer Erhaltung Zusatzmaßnahmen notwendig sind. Normgebung und Weltinterpretation entstehen aus
Wünschen, Absichten, Vorstellungen und sind Resultat kollektiver
Entscheidungen, auch wenn dieser Entscheidungscharakter den
Akteuren zunächst gar nicht bewusst ist. Die Geschichte und die
Entwicklung der Menschen sind ein einziger Beweis dafür, dass
verschiedene Völker und Kulturen zu verschiedenen Zeiten unterschiedlich entschieden haben und dass es also keine Instanz außer
uns selbst gibt, die als unerschütterliches Fundament unserer

kollektiven Entscheidung angesprochen werden kann. Auch wenn immer wieder der Versuch unternommen wurde Entscheidungen als absolut wahr, richtig und wirklichkeitsadäquat hinzustellen.

Entscheidungen – auch kollektive – haben also „endlichen" Charakter und zwar in doppelter Hinsicht. Sie sind zum einen historisch, d. h. sie haben ihren besonderen und vergänglichen Platz in der Geschichte; sie sind zum anderen eben „Ent-Scheidungen", d. h. sie scheiden Möglichkeiten aus. Gemeinsames Handeln ist zunächst nur auf der Basis getroffener Entscheidungen möglich, die allen Beteiligten ein klares, gemeinsames Wissen ermöglichen. Auch wenn die Resultate von Entscheidungen interpretierbar sein mögen, sie sind vorerst einmal bestimmt und von richtungweisender Aussagekraft. Aber mit der Bestimmung ist es ebenso: Damit sie Wege weisen kann, muss sie Wegweiser aufstellen, Sackgassen aufweisen, andere Wege als nicht gangbar bezeichnen. *Omnis determinatio est negatio.*

Von den drei Gewährleistungsebenen ausgehend entwickelt sich die kollektive Entscheidung zu einem weitgehend in sich Stimmigkeit erzeugenden System. Alles scheint nun mit allem sinnvoll zusammenzuhängen und der Zusammenhang kann begründet und gerechtfertigt werden. Es liegt im Charakter derartiger Systeme, zu Totalitäts- und Universalitäts-Selbsteinschätzungen zu neigen. Damit kommt man m. E. zwei Grundbedürfnissen der Menschen entgegen: Erstens scheint es Wunsch aller zu sein, sich für sich und seine Umgebung „Sinnganzheiten" zu erstellen. Wir haben wohl eine unstillbare Sehnsucht nach Erklärungs- und Bedeutungszusammenhängen. Zweitens lässt sich damit das Ausgeschlossene, die nichtwahrgenommenen Möglichkeiten, bestens verdrängen, vergessen, marginalisieren. Denn „Anwesend-Ausgeschlossenes", das keine Systemanbindung hat, muss bedrohlich wirken und verunsichern. Es ist dem Einfluss des Systems entzogen, daher auch nicht Thema und Material für Entscheidungen.

Der Grundcharakter individueller und kollektiver Entscheidungen stellt somit ein permanentes Verunsicherungspotenzial dar. Als

Individuum wissen wir sehr gut, wann wir uns nicht sicher sind, ob wir richtig entschieden haben, ob wir nicht doch hätten anders handeln sollen. Systeme aber, die gemeinsames Handeln garantieren, dürfen nicht in gleicher Weise Unsicherheit produzieren. Permanenter kollektiver Zweifel ist ein ständiger Destabilisierungsfaktor. Also neigen Systeme dazu, den Zweifel zu individualisieren (Häretiker, Außenseiter, Dissidenten etc.) und damit unwirksam zu machen. Um eine gewisse Stabilität und Dauerhaftigkeit erreichen zu können, sind Systeme daher bestrebt, einerseits die ihnen zugrunde liegenden kollektiven Entscheidungen als richtig (wahr, natur-gottgewollt etc.) nachzuweisen (Rechtfertigungsdogmatismus); das Ausgeschlossene, das nicht vergessen oder verdrängt werden kann, andererseits entweder moralisch zu diskriminieren oder den Versuch zu machen, es sich „einzuverleiben." Da letzteres oft nicht gut gelingt, führen die dauernden Versuche und Misserfolge zu „Selbstverkomplizierungen" des Systems.

Wiederum scheinen diese Systemtendenzen zwei menschlichen Mustern entgegenzukommen: Erstens neigen wir – trotz historisch immer wieder auftretender Gegenbeispiele – dazu, kollektiv getroffenen Entscheidungen und Maßnahmen einen „höheren" Wahrheitswert zuzubilligen ("je mehr Menschen, je weniger Irrtum"). Es gibt ein großes Vertrauen in Gemeinsamkeiten, das so tragfähig sein kann, dass es auch den „kollektiv" organisierten Tod erträglicher machen kann. Zweitens brauchen wir für Motivation und Tatkraft eine gewisse Überzeugung auf dem richtigen Fundament zu stehen. Dauerzweifel lähmt. Freudiges Schaffen mag keine „Bedenkensträger".

Systeme und Kulturen sind in der Geschichte nicht bloß durch Eroberungen, Vernichtungen oder Naturkatastrophen zugrunde gegangen. Es lässt sich beobachten, dass sich viele auch an ihnen und durch sich selbst ihr Ende bereitet hatten. Die Gründe dafür lassen sich in drei Phänomenen orten: Erstens, sie waren unerwarteten Problemlagen und Außeneinflüssen nicht mehr gewachsen; zweitens, sie hatten alle ihre Aufgaben erfüllt und waren damit sich selbst überflüssig geworden; drittens, sie haben Opposition verhindert oder zu spät „realisiert". So konnte z. B. die

österreichisch-ungarische Monarchie das Problem der erstar-
kenden Nationalstaatlichkeit nicht mehr wirklich bewältigen; außerdem war ihre agrarisch-feudale Bindung durch aufkommende
Industrie obsolet geworden. Ebenso wenig war es dem mittelalterlichen Universalismus möglich, die fortschreitende Spezialisierung,
die Ausdifferenzierung der Organisationen etc. unter sich fassbar
zu machen. Wenn Systeme auf dringende Fragen keine Antworten
mehr haben oder diese zurückweisen, sind sie in ihrer Existenz
gefährdet. Aber auch das Gegenteil ist wahr. Systeme, kollektive
Vorentscheidungen finden meistens in der Hoffnung statt, durch sie
anstehende Probleme bewältigen zu können bzw. eine bessere
Zukunft zu schaffen. Wenn nun die Probleme bewältigt sind, die
erwünschte Zukunft weitgehend eingetreten ist, gehen die
bisherigen Bewältigungsmethoden ins Leere. Um nicht überflüssig
zu werden versuchen sie sich in zwei Auswegen: Entweder sie
schaffen „künstlich" die Probleme, wofür sie einst erfunden wurden
(z. B. Kriege schaffen immer wieder Knappheiten) oder sie ver-
feinern die Methoden und differenzieren und „manirieren" die
Lösungen. Letzteres kann leicht zu Überdruss und Sattheit führen,
produziert immer schneller wechselnd Moden bzw. schafft ab-
lenkende Aufregungen („Events"). Neue Problemsichten wären
angebracht, ebenso ein Methodenwechsel.

Dieser fällt aber aus mindestens zwei Gründen schwer: Erstens
fürchtet man nicht ganz zu Unrecht Rückfälle in längst überwunden
geglaubte Problemlagen. Zweitens hat man sich an die bisher
verwendeten Methoden gewöhnt. Man denkt in ihnen, sie sind in
die Bahnungen der Gehirne eingegraben. Das Ausschalten von
Opposition muss nicht so deutlich und gewaltsam auftreten wie in
autoritären Systemen, wo Opposition entweder verboten ist oder
verjagt wurde. Jedes System neigt dazu, sein Gegenteil nicht zu
wollen, oder es mindestens zu entwerten. Dies kommt auch
unserem individuellen Verhalten entgegen, das sich dadurch meint
persönliche Identität zu sichern.

Die Demokratie als bisher größte historische Errungenschaft
gegen diese Muster hat nun zwar Opposition verfassungsmäßig
verankert und damit geschützt. Wahl-„Kämpfe", „Wahl-Siege",

überhaupt die ganze Wahlkampfrhetorik sprechen aber eine andere Sprache. Auch vermittelt das Prinzip der Quantität (Mehrheitsprinzip) Erinnerungen an die Verbindung von Wahrheit und den Vielen, die Gleiches gewählt haben. Die subtileren Formen Opposition zu verhindern, haben heute eine andere Gestalt in und trotz der Demokratie. Einmal werden Oppositionelle zu Sonderlingen, Utopisten, Idealisten, Träumern, Theoretikern etc. erklärt. Zum anderen die unausweichliche Logik des „Sachzwanges" betont: Ihm entkommt man nicht, mag man noch so gute „Ideen" haben. Damit liefert man sich bedingungslos jenen Entscheidungen und ihren Grundannahmen, Kategorien, Axiomen etc. aus, die man einst „aus freien Stücken" zu treffen glaubte. Opposition wird durch die Dominanz der Eigengesetzlichkeit der Systeme ausgeschlossen; sie gehen im Zauberlehrlingssyndrom unter und beweisen sich ihm gegenüber immer aufs Neue ihre Ohnmacht. Opposition ist aber meist auch jener Ort, wo sich Ausgeschlossenes zu Wort meldet. Der systemischen Teilrealität gegenüber repräsentiert sie damit Gesamtwirklichkeit. Früher oder später führt daher das Ausschalten von Opposition zu Realitätsverlust, der sich bitter rächen kann.

Im Zusammenhang mit dem bisher grundsätzlich Angemerkten wäre nun das „Modell Neuzeit"; d. h. unsere jüngere Geschichte nach dem Zusammenbruch der mittelalterlichen Ordnung zu betrachten. Dieses Unterfangen stellt freilich ein Lebenswerk dar, weshalb hier einige Hinweise genügen müssen. Die zu beantwortende Frage ist: Gibt es so etwas wie ein Modell Neuzeit, was sind seine Grundannahmen, welche kollektiv richtungsweisenden Entscheidungen wurden gefällt, welche Probleme wurden mit ihnen angegangen und gelöst, wie ist es zum System geworden, was wurde real, was tendenziell ausgeschlossen, welche Einseitigkeiten verkörpert das Modell Neuzeit damit?

Übergänge, Systemwechsel vollziehen sich nicht abrupt und auch nicht an allen Orten gleichzeitig. Die Geschichte zeigt ein vielfaches Nebeneinander sowie Ungleichzeitigkeiten in der Wahrnehmung des Entwicklungstempos. Wenn ich hier von einem „Modell Neuzeit" spreche, sind diese Tatsachen zu berücksichtigen.

Die Weichen werden früh gestellt und durch bestimmte Maßnahmen vorbereitet (z. B. durch die Trennung von religiöser und
naturwissenschaftlicher „Weltinterpretation"). Zum beherrschenden
System wird das Modell demgegenüber aber erst relativ spät. Die
These lautet, dass sich das früh angelegte System erst mit dem
„Endsieg" des Kapitalismus und seinem globalen Ausgriff endgültig
durchgesetzt hat, dominant geworden ist und damit auch die Einseitigkeit klar hervorgetreten ist. Die Einseitigkeit wird als Systemkrise sichtbar.

Für Ungleichzeitigkeit, Dominanz und Einseitigkeit als Beispiel
kann die Entwicklung der Landwirtschaft bestens dienen. In vielen
Regionen – bis heute und bei uns bis zum 1. Weltkrieg – war sie
noch eher agrarisch-feudal als industriell organisiert; d. h. sie war
noch nicht den „Gesetzen" des Kapitalismus unterworfen. Das hat
sich in den letzten 40 Jahren radikal geändert und wie es scheint
unlösbare Probleme geschaffen: Quantitätssteigerungen, Qualitätsverlust, Preisverfall und Subventionsnotwendigkeit – natürlich im
Sinne freiwerdender Kaufkraft eine indirekte Subventionierung für
die sonstige industrielle Produktion – Zugrunde-Gehen der „Kleinen", Förderung der „Großen", Ausdünnung der Beschäftigungsmöglichkeiten, Abwanderungen aus Entwicklungsländern, Slumbildung in den Megastädten, Pendlertum, Entkulturalisierung von
Regionen usw. Auch wenn die Landwirtschaft durch ihre „Kapitalisierung" viel gewonnen hat, vor allem Entlastung von schwerer
körperlicher Arbeit und eine mögliche Sicherung einer weltweiten
Ernährungsbasis, auch wenn vielleicht damit feudales Denken,
dörfliche Enge und drückende Sozialkontrolle, religiöse Abhängigkeiten usw. eher „befreiend" aufgelöst wurden, es zeigt sich dennoch, dass der strikte Kapitalismus nicht zur Landwirtschaft passt.
Die „Produktion" von Lebendigem ist etwas anderes als die von
Totem (Anorganischem). Daher muss heute zu „Kunstgriffen"
Zuflucht genommen werden. Landwirte sollen für „Landschaftspflege" bezahlt werden, denn das dient dem Tourismus und unser
aller Lebensqualität. Übersehen wird dabei aber, dass diese Art der
Pflege untrennbar mit agrarischer Produktion und Lebensweise
verbunden war. Die Landwirte scheinen sich gegen diese

Entwertung ihrer Produktionsform wohl auch deshalb zur Wehr zu setzen, weil „Pflege" ohne Produktion etwas seltsam Abstraktes scheint. Wie soll man Almen pflegen, ohne darauf Kühe weiden zu lassen?

Die „Systemwerdung" des „Modells Neuzeit" ließe sich in einem gesonderten Projekt verfolgen, das zwei Dimensionen und deren Wechselwirkung aufeinander verfolgt. Klassisch treten diese Dimensionen unter den Bezeichnungen Theorie und Praxis, Basis und Überbau, Konstruktion und Wirklichkeit auf. Modelle entstehen zwar „im Kopf" der Menschen, sind aber immer auch veranlasst durch diverse Praxis-Wirklichkeitsbetrachtungen. Das Modell Neuzeit wäre nicht entstanden, wenn nicht das Handelskapital gegenüber anderen Kapitalbildungsformen „gewonnen", wenn nicht das (städtische) Bürgertum allmählich „weltgeschichtliche" Ansprüche gestellt, wenn man nicht die „Maschine Uhr" „erfunden" hätte. Die „Umformulierung" dieser heterogenen „Tatsachen" zu einem Modell bedarf aber einer geistigen „Leistung" und Kombinatorik, die die Wirklichkeit aus sich heraus nie zur Verfügung stellt. Wichtig erscheinende Tatsachen und Ereignisse werden aufgegriffen, miteinander in Zusammenhang gebracht und allmählich zu einem Gesamtmodell erweitert. Von ihm ausgehend ist der Weg zu einer „Weltinterpretation" nicht mehr lang. Meist stellt sich dann ein „utopieträchtiger" Nachhinke-Effekt ein. Die Wirklichkeit bleibt hinter den „Ideen" zurück, die sich schon eine zukünftige Welt zusammengebaut haben: Der Utopieverdacht muss bekämpft werden, ebenso die Vertreter des alten Systems, die ihn zu nützen wissen. Das Modell Neuzeit hat m. M. n. diesen Kampf mit vier Waffen geführt (ähnliche finden sich allerdings in allen Systemübergängen):

- Pathos, Euphemismus (Etablierung des Fortschrittglaubens);
- Entwertung und Diffamierung des „Alten" als Aberglaube, Fremdbestimmung, Priestermacht;
- Identitätsillusion; unser Modell ist die Wirklichkeit, die „Natur" selbst schreibt uns die Gesetze vor;
- und das alles zusammen in einer durchgängigen semantischen Begriffsbesetzung, in denen wichtige Begriffe eindeutige positive oder negative Zuordnungen erhalten.

Letztere ist einerseits für die Systemwerdung des Modells wichtig, andererseits sorgt sie auch für die unmittelbare Handlungsorientierung und die Kooperation der Menschen.

"Sprachbildung", eindeutige Begriffsauszeichnungen etablieren und stabilisieren „Weltinterpretationen". Den Begriffen wird damit ihre immanente Widersprüchlichkeit tendenziell ausgetrieben und so etwas wie eine „Selbstverständlichkeit" im Umgang mit ihnen erzeugt. Begriffe wie Arbeit, Leistung, Wachstum, Effizienz, Innovation, Reform, objektiv, rational, usw. bekommen auf diese Weise von vornherein eine positive Bewertung, die es ihnen erspart, sich näher auszuweisen und zu begründen. Wenn heute etwas als „neu" bezeichnet wird, heißt dies „automatisch", dass es das Bessere ist gegenüber dem Alten. Die Entwicklungslogik industrieller Produktion hat sich hier durchgesetzt: Hier ist man es gewohnt, dass das neue bessere Produkt das alte ablöst; wozu hätte man es denn sonst produziert.

Bevor ich nun versuche, die Weichenstellungen zum „Modell Neuzeit" anhand einzelner Begriffs- und Kategorienbildungen zu verfolgen, soll eine kurze punktuelle Zusammenfassung jene Tendenzen nennen, die ich mit seiner Einseitigkeit und damit seinen Grenzen verbinde. Das Hauptproblem einer Weiterentwicklung und Fortsetzung des heute die Welt dominierenden Systems sehe ich auf sechs Ebenen:

- Universalisierung einer Teilwirklichkeit (Umsetzung eines Modells, das nur eine Teilwirklichkeit repräsentiert als Gesamtwirklichkeit, zumindest als alle anderen Wirklichkeiten dominierende Wirklichkeit);
- tatsächlicher Verlust eines „Außen" (damit Verlust eines realen Systemwiderspruchs, Verlust der Basis kollektiver Opposition);
- Dominanz eines durchgängigen Prinzips (Produktionsprinzip);
- Verlust des Wertes des Besonderen,
- Entwicklungsstagnation in untergeordneten Bereichen;
- unsteuerbarer Wechsel zwischen Krise und technokratischer Selbstverkomplizierung

In unserem langjährigen Projekt, „Alternative Modellbildung in der Ökonomie" haben wir uns mit diesen Grenzen ausführlich beschäftigt. Weiterführende Erklärungen finden sich im Anschluss an die oben zitierte Punktation. Die sechs Ebenen beschreiben aber nicht bloß gleichsam einen „Endzustand" des Systems. Im Grunde gehen sie auf weichenstellende Anfangs- und Vorentscheidungen zurück, die dort in ihren zukünftigen Grenzen noch nicht erkannt werden konnten. Auch wenn uns diese heute weitgehend bewusst sind, heißt das aber noch lange nicht, dass wir uns so leicht von unseren Anfängen trennen können. Sie haben sich nämlich zu einem weltweiten System „herausgemausert", in dem wir eher als Vollzugsorgane denn als Steuerungsinstanzen agieren. Maßgebend für diese „selbstverschuldete" Ohnmächtigkeit ist die zweitgenannte Ebene, die permanent zur „Selbstimmunisierung" des Systems beiträgt. So gibt es zwar genügend kritische Einsicht in die Einseitigkeiten und Grenzen. Diese Einsichten haben aber kaum wirklich organisierte Systemmacht. Sie beginnt sich in den NGOs und den Globalisierungskritiken erst langsam zu entfalten. Von diesem grundsätzlichen „Systemimmanentismus" war schon die Rede im Zusammenhang mit Stabilitätsanforderungen und den damit verbundenen tendenziellen Ausschluss von Opposition. M. E. n. hat das Modell Neuzeit diesen „Immanentismus" ausgebaut und verstärkt. Das hat viele Vorteile gebracht, vor allem die Unabhängigkeit von den Vorstellungen einer irrational eingreifenden transzendenten Macht und damit die Hervorhebung von Selbstbestimmung, Autonomie etc. Das „Außen", „Systemtranszendenz" kann dann als „überflüssig" angesehen werden, wenn sie ohnehin als „Selbstreflexion" im Inneren etabliert ist. Individuell ist sie das zwar, auf das System insgesamt bezogen aber nicht. Dieser Tatsache verdanken wir auch die Macht des Sachzwangarrangements.

Über die anfänglichen Weichenstellungen und Vorentscheidungen Bescheid zu wissen ist aus zwei Gründen unverzichtbar: Erstens müssen wir wissen, was ausgeschlossen wurde, welche neuen Weichenstellungen notwendig wären. Zweitens müssen wir aber auch überlegen, wie sie zum bisher eingerichteten

Schienensystem, um im Bild zu bleiben, passen. Denn, wie schon Schiller sagt, „das rollende Rad muss während seines Umschwungs ausgetauscht werden." Im Folgenden sollen daher eine Reihe von Grundentscheidungen aufgezählt werden, die im Referat dann noch detaillierter erläutert werden sollen.

Der Mensch ist imstande, sich aus dem Natur- und Schöpfungsgefüge, aus dessen lebendigem Zusammenhang, herauszunehmen und sich aktiv der Natur gegenüberzustellen. Er ist nicht mehr wie früher Teil der Gesamtnatur, er ist vielmehr Subjekt, die Natur sein Objekt (Rohstoff, Materie). Das Modell Neuzeit beginnt mit einem gewaltig, gewaltsamen Distanzierungsakt. Er soll unsere bisherigen Abhängigkeiten auflösen.

Unser Verhältnis zur Natur ist immer im Widerspruch zwischen Anpassung und Machtausübung angesiedelt. Der Schwerpunkt kann einmal in die Nähe des einen Pols oder in die des anderen gerückt werden. Dem Modell Neuzeit geht es um größtmögliche Machtausübung. Tendenziell wird aller nicht-menschlichen Natur jede Eigenständigkeit aberkannt. (Ähnlich wird mit dem verfahren, was am Menschen selbst als „Natur" erkannt wird: Naturwissenschaft vom Menschen, der eigene Körper als Instrument, Maschine etc.). Eigenständigkeit hieße Unbeeinflussbarkeit, wäre nicht Material der Erkenntnis, daher für den Menschen nicht relevant.

Machtausübung geschieht durch Erkennen, Verstehen, Verändern, Kontrollieren. Man kann sich der Natur nicht insgesamt, in all ihrem Zusammenhang bemächtigen, also müssen Teile, Elemente aus ihr herausgelöst werden (analytische Methode, „teile und herrsche", „infinitesimale Machtausübung"). In diesen Teilen handelt es sich nicht mehr um die ursprüngliche, sondern um eine zurechtgerichtete Natur. Diese kulminiert im „idealtypisch" angeordneten Experiment. Es geht daher nicht, wie uns die Naturwissenschaft zeitweise versichert, um Naturerkenntnis, sondern um das Herstellen von gewollten Relationen zwischen Mensch und Natur, die ihm Einfluss und Veränderung erlauben. Naturerkenntnis ist daher immer mit Veränderung verbunden; die Natur liefert das Material für unser Werk. Der Imperativ lautet: aktiv oder tätig sein ist besser als „lassen".

Auch wenn Gott einst Schöpfer aller Dinge war, hat der Mensch von ihm als Auftrag seiner Gottebenbildlichkeit den Auftrag der „Nachschöpfung" erhalten. Damit rückt Produktion, Arbeit, diesbezügliche Tätigkeit in den Vordergrund und wird wertmäßig ausgezeichnet ("Müßiggang ist aller Laster Anfang"); Arbeit wird sogar mit Selbstverwirklichung gleichgesetzt. Diese Produktionsorientierung beschreibt das, was man neuzeitlichen „Materialismus" nennen könnte. Produkte sind nämlich als Antworten auf Bedürfnisse und vor allem auch auf Bedürfniswidersprüche gedacht; auch als Befriedigung von Sehnsüchten und Wunschvorstellungen (z. B. Fernsehen als „gefahrlose" Allgegenwärtigkeit, technologische Kommunikation als Befriedigung des Wunsches, überall gleichzeitig sein zu können, das Auto als Erfüllung von Flexibilität und Geschwindigkeitsvorstellungen usw.). Technologie, Industrie, Warenproduktion machen früher in Märchen, Sagen und Mythen aufbewahrte Wünsche erfüllbar. Anscheinend, denn offensichtlich bleibt ein Rest, der zunächst nur in erweiterter und differenzierter Produktion (Diversifizierung und Individualisierung) unserer Warenwelt führt. Unser gesamtes Wirtschaftssystem ist von dieser Auszeichnung der Produktion abhängig, wenn sie stagniert, kommt es zu Krisen. Im Grunde kann sie Nicht-Produktives nicht „bewerten". Damit Produktion im Gang bleibt, muss sie ständig ihre eigenen Werke entwerten oder gleich so herstellen, dass sie sich selbst entwerten – daraus ergibt sich der für sich selbst sprechende Wert von Innovation.

Die Dominanz der Produktion, analytische Methode und Experiment fördern die „Vormacht" des Anorganischen (Toten). Dieses lässt sich nämlich am leichtesten den Zwecken der Menschen unterstellen. Damit fällt die Relation immer zugunsten menschlichen Wollens aus. Die anorganische Materie ist „geduldig" und lässt mit sich viel machen – sogar ihre kleinsten Elemente „spalten". Weil hier so erfolgreich gearbeitet werden kann, liegt es nahe, dieselben Methoden auch auf Lebendiges, Organisches, ja auch auf „Geistiges", auf Bewusstsein, anzuwenden. Überhaupt ist es ein durch-

greifender Zug neuzeitlichen Denkens, Teilerfolge zu „universalisie-
ren" ("partikularer Universalismus"). Was hier an Sackgassen in
unserer Geschichte gegangen wurde und noch wird, könnte Bücher
füllen. In all diesem Vorgehen muss man wissen, dass man die
„Eigengesetzlichkeiten" des Lebendigen stört, sie also tendenziell
„tötet". Dass „Manipulation" möglich ist, daran besteht kein Zweifel;
die Frage ist nur, ob wir ihren jeweiligen Zweck wollen können, bzw.
wie sich Lebendiges seinen „Eigensinn" benützend von sich aus zur
Wehr setzt.

Quantität steht vor Qualität. Qualität enthält etwas von Beson-
derheit, Individualität, und entzieht sich daher qualifizierenden
Verallgemeinerungen. Überall also, wo Quantifizierungen angesagt
sind, muss Individualität vernachlässigt werden. Naturgesetze müssen weltweit zur Geltung gebracht werden können. Vergleich-
barkeiten müssen immer möglich sein. Ordnungen, Normierungen
bauen auf Quantität; festgehalten wird der kleinste gemeinsame
Nenner, der möglichst vielen Dingen, Situationen, Menschen
gemeinsam ist. Auch in der Politik zählt Quantität (demokratisches
Mehrheitsprinzip), und führt oft dazu, dass man sich über Zustandekommen und gemeinsamen Inhalt der Mehrheiten nicht mehr den
Kopf zerbrechen will. Für das Wirtschaftssystem ist ohnehin die
„Menge" wichtig, weil sie Preisgestaltung ermöglicht, Einfluss auf
Profit hat, den „Motor" in Gang hält; auch „Wachstum" ist meist an
Mengensteigerung gebunden. Supermärkte haben das ganze
Mengenuniversum in sich versammelt, Qualität allerdings nur, wenn
sie sich rechnet; d. h. einen bestimmten Umsatz erreicht. Die „indi-
viduelle Qualität" einer Nahversorgung spielt keine Rolle. Auch wis-
senschaftliche Leistung wird auf Grund nachprüfbarer Leistungs-
verträge qualifiziert (wie oft wird jemand woanders zitiert); und
Betriebsmonitoring (balance score card, Kompasssystem) halten
sich meist auch an nachprüfbare Quantitäten.

Damit im Zusammenhang: die ungeheure „Würde" der Messbarkeit (Mathematisierbarkeit). „Alles, was messbar ist messen, und
was nicht messbar ist, messbar machen". Diese Devise steht zu
Beginn unserer Neuzeit, und die weitere Geschichte hat sich an sie
gehalten. Der Wert der Messbarkeit ist unbezweifelbar: Man

braucht sie, um überhaupt zu wissen, ob man über das gleiche Phänomen spricht. Sie ermöglicht verallgemeinerte Kommunikation und Kooperation, Vergleich und Qualitätsfeststellung. Produktion nach vorliegenden „Maßen". Nun gibt es aber vieles, was nicht messbar, vieles, was nur mit ("statistischer") Gewalt mathematisierbar ist. Es gerät in ein Randdasein oder wird in den Bereich des Irrationalen, Willkürlichen, Zufälligen verschoben. Obwohl man weiß, dass es wichtig sein kann, verliert es an Wert. Marginalisierungen lassen aber auch unseren Umgang mit ihm verkümmern; manchmal führt dies dazu, dass es überhaupt geleugnet oder mit Gewalt ins Messbare übergeführt wird (z. B. Tendenzen im Bildungscontrolling, Messen der Anzahl getätigter Kunden- oder Mitarbeitergespräche, von Gehirnströmen als messbare „Willensäußerungen" etc.).

Als Denksystem steht die Logik und damit die erstrebte Widerspruchsfreiheit im Zentrum. Diese Tatsache hängt mit all den genannten Vorentscheidungen zusammen. Produktion, Naturwissenschaft, ökonomische Kalküle, analytische Methode, Beherrschung des Anorganischen verlangen Eindeutigkeit. Mathematik (Messbarkeitsgrundlage) ist die Wissenschaft der „immerwährenden" Herstellung von Eindeutigkeit und Widerspruchsfreiheit. Logik ist des weiteren die Denkform der hierarchischen Organisation (Subsumptionslogik); daher auch die der Machtausübung. Für viele Gebiete ist Widerspruchsfreiheit daher sinnvoll und notwendig. Mit ihr hat das Modell Neuzeit auch seine weltweite Macht begründet. Der Mensch selbst aber ist ein „Widerspruchswesen" und das äußert sich von der Ambivalenz der Gefühle bis hin zu den Widersprüchen, im sozialen Kosmos. Deren „Logifizierungsprogramm" kann als gescheitert betrachtet werden, auch wenn immer wieder neue Anläufe unternommen werden. Die Dominanz der Logik hat andere Methoden (z. B. dialektische) lange Zeit verdrängt. Dies war nicht unbedingt förderlich für unseren Umgang mit Widersprüchen und den mit ihnen verbundenen Konflikten. Was uns einerseits Fortschritt gebracht hat, hat auf der anderen Seite Stagnation bedeutet. Die gegenwärtige Kriegsbereitschaft in unserer Welt spricht nicht gerade für differenzierten Umgang mit Widersprüchen und „Konfliktkultur" findet man in wenigen Organisationen (die Logik braucht Widerspruchslösungen nach dem Muster richtig – falsch, gut – schlecht, entweder – oder; ihr fehlt das Sowohl – Als auch in Widerspruchszusammenhängen). Anorganisches lässt sich die logische Unterwerfung „gefallen", Lebendiges setzt sich zur Wehr und fordert den Widerspruch ein.

Linearität ist gegenüber „Zyklischem", Szenarischem bevorzugt. Sie bestimmt unsere Zeitvorstellungen, unser Geschichtsmodell, unser Kausalitätsdenken, schließlich die Wachstums- und Fortschrittsbegriffe im Wirtschaftssystem. Die Zeit wird als messbare Dauer, als Nach-Einander von bestimmten Einheiten festgelegt. Ihr „Maßstab" ist wiederum das Anorganische (eine Maschine; die Uhr, bzw. die Schwingungen des Caesium-Atoms). Diese Art von Zeit braucht man sowohl für globale Koordination und Kooperation, wie auch für die Erfassung und Messbarkeit von physikalischen Abläufen, aber auch für die Messbarkeit von Leistungen. Lebendiges, Soziales läuft aber nicht in linearer Bewegung ab. Es ist „szenisch", zyklisch (Werden und Vergehen) aufgebaut und verfügt über „Eigenzeitlichkeit." Die Dominanz technomorph-linear festgelegter Zeit noch verstärkt durch ihre Ökonomisierung, „Zeit ist Geld" und ihre daraus folgende Beschleunigung und Verdichtung gefährdet diese „Eigenzeitlichkeit" (Biorhythmik, soziale Rhythmen etc.).

Unser Geschichtsmodell ist analog zu dieser Zeitvorstellung gedacht worden. Geschichte ist etwas, das sich als weiteres Fortschreiten in eine unendlich offene Zukunft erstreckt. „Erbarmungslos" reiht sie ein Ereignis an das andere. Sie hört nie auf, nimmt hin, was die Menschen so treiben, wertet nicht und hat kein erkennbares Ziel. In ihr lässt sich nacheinander Abfolge eventuell Aufeinanderbezogenheit ordnen; sie selbst fließt unbekümmert weiter. Diese Geschichtsvorstellung lässt leicht übersehen, dass sich die Menschheitsentwicklung in „Gestalten" bewegt, die auftreten, sich entwickeln und wieder zugrundegehen. Und sie verführt zur Entdramatisierung des Verantwortungsproblems für die Gattung. Aufgrund der Tatsache eines immer noch nicht abgerüsteten „Overkills" sind wir erstmals nämlich wirklich imstande, unsere Geschichte zu beenden und wiederum der „reinen" Naturgeschichte Platz zu machen. Auch die Ressourcenproblematik, Bevölkerungswachstum und berechtigtes Wohlstandsverlangen beschreiben „Geschichtsgrenzen". Jedenfalls wird ein aktiverer Umgang mit unserer Verantwortung für gemeinsames Überleben verlangt. Die Geschichte ist eben nicht etwas, was so einfach dahinfließt, gleichsam für alle Zukunft „zur Verfügung steht", sich als eigene „Substanz" anbietet. Sie ist unser „Werk", auch wenn wir es nicht direkt anpeilen – Globalisierung radikalisiert das Thema: Niemand entkommt mehr diesem gemeinsamen Werk.

Die Linearität hat ihre Wurzel wahrscheinlich im analytischen Denken und wurde durch ein mechanistisches Weltbild gestützt. Ich erwähnte schon: Denken, methodisches Erkennen im Sinne „infinitesimaler Machtausübung" ist gezwungen, ständig zu teilen, zu elementarisieren, herauszulösen. Mit den „Teilen in der Hand" lässt sich aber wenig anfangen. Es geht ja auch um Verändern und Bemächtigen. Also muss aus den Teilen wieder etwas Nützliches, Brauchbares zusammengesetzt werden ("künstliche Synthese"). Das Zusammengesetzte soll aber nun nicht tun können was es will, es soll nach unseren Plänen funktionieren. D. h., wir müssen jederzeit wissen und überprüfen können, wie die einzelnen Teile auf einander wirken, in welchem Zusammenhang sie sind. Eine Kette von Verursachung und Wirkung, die nachvollziehbar ist, konstituiert das neue Ganze. Tritt in ihm ein Fehler auf, lässt sich dies auf den Mangel eines Teils oder die Unterbrechung der Kette zurückführen. Zweifellos ist die lineare Kausalität eine der großartigsten und nützlichsten Denkkategorien, die wir uns als Menschen im Übergang vom mythischen und animistischen zum „rationalen" Denken erworben haben. Ihr verdanken wir im Grunde das Funktionieren unserer gesamten Technologie. Problematisch ist es aber, sie auf Lebendiges, Organisches besonders aber „Geistiges" zu beziehen. Dies geschieht aber bis heute mit unverminderter Energie. Auch wenn es schon komplexere Modelle gibt (Wechselwirkungsmodelle, Kybernetiken 1. und 2. Ordnung, „multifaktorielle" Einflussmodelle) – eigentlich will man in allem immer noch die gute alte lineare Kausalität. Organismen produzieren aber um zu überleben kein schön geordnetes Nacheinander von sich bedingenden Faktoren, sie verfügen über seltsame nicht-messbare Gleichzeitigkeiten. Soziale Systeme „produzieren" plötzlich „Stimmungen", die sich ebenso wenig aus linearen Kausalketten „zusammensetzen" lassen. Und selbst Börsenspekulationen und Börsengeschehen beweisen, dass man es trotz höchst subtiler Formeln – und dafür erhaltener Nobelpreise – nicht mit eindeutigen Ursache-Wirkungsverhältnissen zu tun hat.

Die Linearität findet sich auch im Wachstumsbegriff unserer Wirtschaft wieder; hier ist sie systemkonstitutiv: Stagnation ist Rückschritt (Depression). Wenn wenig oder gar nichts da ist, mag diese Linearität motivierenden Sinn haben; ob „Nullwachstum", oder gar „Minuswachstum" und andere Begriffsschwindel diese aber aufrecht erhalten können, wäre zu bezweifeln. Dass sich in unserer Geschichte Fortschritt hauptsächlich durch vorzeigbares Wachstum ausgewiesen und unter Beweis gestellt hat, mag als Tatsache gelten. Es ist auch nichts gegen „Reichtumsproduktion" zu sagen, zumal wenn noch wenige wirklich an ihm teilhaben. Es kann aber sein, dass man sich mit dem ausschließlichen Gelten-Lassens des linearen Wachstums sein eigenes Gefängnis baut. Wachstum auf anderen Gebieten liefert wiederum ein szenisches Bild vom Werden und Vergehen; d. h. nicht, dass wir den Stand unserer Entwicklung einfach aufgeben sollen. Es heißt nicht einmal, nicht „woanders" zu wachsen (z. B. im Gebiet: Lebensqualität, Sinn); eine dominant produktionsorientierte Wirtschaft ("out-put") versperrt sich aber diesem Weg ständig. Es sollte zumindest bedenklich stimmen, dass unendliches Wachstum keine denkbare Vorstellung darstellt, auch wenn wir uns einst den Weltraum erobern, zum Wachstum, um es überhaupt denken zu können, gehört seine Endlichkeit und wie schon der Krebs beweist, im „unendlichen" Wachstum ruiniert er auch sich selbst.

Konkurrenz, Wettbewerb ist besser als Kooperation und Solidarität. Den Widerspruch zwischen Konkurrenz und Kooperation gab es wohl immer schon, aber erst unser kapitalistisch-ökonomisches System hat sich eindeutig für die Betonung des Pols Konkurrenz entschieden. Wettbewerb fordert immer zum Besser-Sein oder Besser-Werden im Vergleich zu anderen heraus, und davon haben alle etwas. Produkte müssen entweder besser werden oder billiger. Konkurrenz belebt Weiterentwicklung und verhindert Stagnationen. Kooperation, Solidarität geben zwar Sicherheit, verführen aber zu Unbeweglichkeit, Stabilisierung des Status quo, zur „Verhausschweinung" (K. Lorenz). Eine fortschrittsorientierte Gesellschaft muss daher bestrebt sein, Konkurrenz immer wieder anzuheizen. Wiederum: Was sich anscheinend in einem Bezirk bewährt hat, soll auch in anderen zur Geltung gebracht werden; das ökonomische System beeinflusst sowieso alle anderen. Die Erhaltung eines Gemeinwesens, eine Politik des gerechten Ausgleichs braucht aber Kooperation und Solidarität: es bewährt sich nicht, Organisationen und Institutionen, die „öffentliche Güter" und Dienstleistungen produzieren bzw. verwalten, über Privatisierungen in die Konkurrenz zu treiben. Die sukzessive Zurücknahme des „fett" gewordenen Wohlstandsstaates, die Reduktion von Sozialleistungen, der seltsame Aufbau von Konkurrenz im Bildungswesen, alles zusammen zeigt, dass man auch Politik endgültig der neuzeitlichen Grundentscheidung, Konkurrenz zu betonen, unterworfen hat.

Ökonomie ist besser, wichtiger als Politik, Religion, Ideologie etc. „Erst kommt das Fressen, dann die Moral". Gutes Wirtschaften sichert unsere Existenz, unser Überleben, erwirtschafteter Wohlstand ermöglicht das bessere Leben. Es liegt also nahe, der Ökonomie prioritäre Bedeutung zu geben. Wenn die Wirtschaft nicht funktioniert, bekommt auch die Politik keinen Fuß auf den Boden, kann nichts verteilen oder gar umverteilen, weder Sicherheit noch Stabilität gewährleisten. Insofern war Politik immer von der Ökonomie abhängig, nur dort nicht, wo sie beide ohnehin identisch waren, die Herrschenden auch die Reichsten waren, bzw. die Wirtschaft selbst organisierten, bestimmten, in der Hand hatten.

Für die bisher genannten kollektiven Vorentscheidungen war unser kapitalistisches Wirtschaftssystem maßgeblicher Begründer und Verfechter. Aus dem Gesamtbezug aller Vorentscheidungen ergibt sich daher auch dessen notwendige Einseitigkeit. Diese musste in der Geschichte durch Vernunft oder Gewalt immer wieder korrigiert werden. Ausgleichende politische Steuerung und Krieg (bzw. Aufstände) begleiten die Entwicklung unserer Ökonomie; manchmal sind beide identisch. Gegenwärtig versuchen neoliberale Tendenzen in weltweit wirksamen Institutionen und Unternehmen den Einfluss der Politik möglichst zu verringern. Dabei wird allerdings deutlich, was dem ökonomischen System fehlt. Wenn dieser Mangel nicht energisch aufgegriffen und gegenüber den Einseitigkeiten der Ökonomie vertreten wird, ist leicht absehbar, dass sie sich selbst ruiniert, denn auch sie profitiert zumindest für ihre Selbsterhaltung von Kooperation und Solidarität.

Die Elemente (Atome etc.) sind wichtiger als die bestehenden Zusammenhänge und „Ganzheiten". Diese Vorordnung ist sowohl Konsequenz der analytischen Methode wie auch die Voraussetzung „künstlicher" Synthesen. Man muss die „Bausteine" des Lebens kennen, um es dann aus ihnen „zusammensetzen" zu können. Die Elementarisierung wurde in spezieller Weise auch auf die menschliche Gesellschaft und ihre Sozialkonstellationen angewandt. Ein Resultat ist die forcierte Entdeckung des Ichs, der Einzelperson. Auch wenn ihr in vielen Zusammenhängen große Bedeutung „zugewachsen" ist (Gewissens-, Freiheits-, Moralinstanz, Rechtsperson, menschenrechtliche Verankerung), gibt es auch „unpathetischere" Interessen. Sie bestehen einerseits in der Zuordnungsmöglichkeit von Leistung, Arbeit, deren Messbarkeit, andererseits in der Funktionalisierung des „ganzen Menschen" für organisatorische Brauchbarkeit (Stellenbeschreibung). Das Ich ist auch empfänglicher Ort für Konkurrenz und Karriere, zugleich aber zu schwach, um sich wirksam gegen soziale kollektive Konfigurationen zur Wehr zu setzen. Die Funktionalisierung der Person zum Einzel-Ich folgt einem durchaus rationalem Kalkül: Funktionszerteilung und Funktionskoordination erlaubt den Aufbau „rationaler" Organisationsstrukturen. Auch wenn für viele Organisationszusammenhänge und Routinen diese Annahme zutreffend sein mag, begleiten sie zwei Problemkreise, die in der hier vorliegenden Vor-Entscheidung nicht ihren nötigen Platz bekommen: Erstens, der „entwertete" ganze Mensch meldet sich „unbotmäßig" oft an ungeeignetster Stelle zu Wort ("es menschelt"); mit diesen „Zusatzäusserungen" kann der rationale Kalkül nichts anfangen und verweist sie daher gern ins „Irrationale". Inzwischen weiß man aber auch über die Bedeutung der „soft facts", auch wenn man ihnen oft recht hilflos gegenübersteht (siehe Mitarbeitergespräche, Leistungsvereinbarungen und deren Messbarkeit etc.). Zweitens verlernt man den Umgang mit „organisch"-sozialen Kollektiven (Ganzheiten). Oder besser gesagt, diese bleiben auf antiquierter Stufe stehen und äußern sich dem Fortschritt mit technologisch Rational-Organisatorischem gegenüber eher zurückgeblieben – jedenfalls als schwierig steuerbar. In letzter Zeit eskaliert der Widerspruch, auf der einen Seite „züchtet" man fast die leistungsbesessene Individualität, schwört auf inneren Vergleich und Konkurrenz; andererseits vergibt man einen „Teambonus", richtet Projektgruppen ein, versucht Unternehmenskulturen (Kultur ist immer ein kollektives Phänomen) einzurichten. Dieser Widerspruch kann nur dann gut ins Lot gebracht werden, wenn eine neue Vermittlung zwischen Elementarisierung und kollektiver „Individualität" (Autonomie) stattfindet.

Existenzsicherung läuft über Einkommen und dieses ist an Erwerbsarbeit gebunden. Alles andere Tun wird unbezahlte „Tätigkeit", Luxus etc. ("Wer nicht arbeitet, soll auch nicht essen"). Diese Vorentscheidung ist uns – obwohl sie durchaus historisch an unser Gesamtmodell Neuzeit gebunden ist – so in Fleisch und Blut übergegangen, dass sie kaum in Frage gestellt wird. Das Thema „Grundsicherung", „Grundeinkommen" stößt auch deshalb auf so viel Unverständnis und Ablehnung. Aber auch andere Konsequenzen wären zu erwähnen. Entwertung aller nicht erwerbsmäßig definierten Tätigkeiten, die große Schwierigkeit, sie zu „monetarisieren", die Entwertung von strukturell notwendiger Arbeitslosigkeit und damit in Verbindung ihre Unbewältigbarkeit in „Reichtumsgesellschaften", die Entwertung von Muße, Nachdenklichkeit, und anderen unproduktiven Verhaltensformen, die „Droge" Arbeitssucht, Arbeit um der Arbeit willen, Überlastungssyndrom als Prestigeausweis, „keine Zeit" für sonstig Lebenswertes usw. Sollten sich unsere Reichtumsgesellschaften weiterhin erfolgreich entwickeln, werden sie die selbstverständliche Bindung von Überleben an spezifisch definierte Erwerbsarbeit aufgeben müssen unter der Devise „es genügt das Sein, das Wert hat zu überleben, es muss nicht unbedingt etwas tun".

Wirklich und wichtig (erkennbar und handelbar) ist unsere (sichtbare) Welt, alles andere ist Thema „metaphysischer Spekulation", privater Überzeugungen, überholter Mythologien. Der Schwerpunkt liegt in der Immanenz, nicht in der Transzendenz. Dieser „Immanentismus" – auch als Säkularisierungsvorgang bekannt – stellt eine der wichtigsten Vorentscheidungen des „Modells Neuzeit" dar. Einerseits „befreit" er uns von fremdbestimmender Autorität (so wurde Transzendenz früher gedacht und mit institutioneller Macht vertreten); macht also christlich gesprochen von der Menschwerdung Gottes extensiven Gebrauch. Dabei verweist er uns auf Schönheit und Reichtum eines Diesseits, als „letzter Gelegenheit" unseres individuellen Lebens. Kein Jenseits wird uns über das irdische Jammertal hinweghelfen. Daher müssen wir es uns selbst so gut und schön wie möglich gestalten. Darauf müssen wir unsere ganze Kraft und Energie richten. Alles muss in unserer Welt stattfinden, alle Begründungen, Rechtfertigungen, Erklärungen müssen ohne Verweis auf Transzendentes auskommen. Nur wenn es uns gelingt, alles in immanentem Zusammenhang zu begreifen, haben wir Erkenntnis der Wirklichkeit. (Deshalb ist bis heute jede „empirische Wissenschaft" darauf versessen, alle klassischen Metaphysika wie Geist, Freiheit, Bewusstsein etc. auf ihr materielles Substrat hin zu untersuchen und womöglich in ihm aufgehen zu lassen). Nützlichkeit, Brauchbarkeit (Bewährung als Wahrheitskriterium) können auch nur nachgewiesen werden, wenn man immanente Zusammenhänge aufzeigen kann – also im wahrsten Sinn des Wortes „hinzeigen" kann. Sicher, das Modell Neuzeit hätte sich niemals zum dominanten System entwickeln können, hätte sich die Grundhypothese prinzipieller Immanenz nicht durchgesetzt. Es ist aber auch die andere Seite zu betrachten, der Preis dieser Schwerpunktsetzung. Es wurde nämlich erstens die „alte" Transzendenz zwar „privatisiert" oder abgeschafft, niemals aber wirklich ihrem Sinn nach aufgeklärt. (Das kollektive Verständnis der Menschwerdung steht noch aus). Dabei ging das Bewusstsein verloren, dass der Mensch selbst ein „sich-selbst-transzendierendes" Wesen ist. Dass er nie nur „ist", sondern sich

„aufgegeben" ist. Der ganze Begriff des Humanum hängt an dieser Selbsttranszendenz und selbst die Menschenrechte haben Anteil an ihr – d. h., sie müssen immer wieder neu konkretisiert werden. Die hier auftretende Differenz des Menschen zu sich selbst (individuell die selbstreflexive Gewissensdifferenz, kollektiv die Frage nach dem Gemein-Sinn) lässt sich in der Kette immanenter Datenbezüge nicht verorten. Sie bleibt „jenseitig" und dementsprechend transzendent-unbestimmt und unbestimmbar (früher ein Prädikat Gottes). Die Vorentscheidung der Schwerpunktsetzung auf Immanenz hat es uns schwer gemacht, einen sinnvollen Umgang mit Differenz und Selbst-transzendenz zu etablieren. Im Grunde leben wir immer noch in einem traditionellen Dualismus: hier unsere Welt geordnet nachei-nem inneren, rational-nützlich-brauchbaren Zusammenhang, dort Religion, Sekten, private Ästhetik, geduldete Kulturwissenschaft, die in der „Realität" trotz aller Anpassungsversuche nicht wirklich vor-kommen. Der Preis dafür ist das Abhandenkommen von Realitäts-Bewusstsein. Weitere differenzierte Elemente werden zu Zusammen-hängen aneinandergeknüpft, bis der Sachzwang steht. Er zwingt uns aus der Selbsttranszendenz heraus und wird unser diesseitiger Gott. Damit verlieren unsere Systeme so etwas wie kollektive „System-transzendenz", sie haben keinen Ort mehr für Selbst- und Sinn-reflexion. Probleme gibt es nur in ihnen zu lösen, als Ganzes stehen sie nicht zur Disposition. Zwar mag es arbeitsteilig organisiert auf Universitäten solche Reflexionsinstanzen geben. Sie werden aber vom Ort des Geschehens weitgehend ferngehalten, wenn sie nicht ohnehin selbst bereits dem Immanentismuszwang unterlegen sind.

Viele Anzeichen sprechen dafür, dass sich die Menschen ihre Selbsttranzendenz ("Spiritualität") nicht nehmen lassen. Für die Reflexion immanenter Systemzusammenhänge haben sie m. E. n. noch zu wenig Kraft. Denn das Modell Neuzeit hat einen Kompen-sationsfluchtpunkt für sie eingerichtet – also, wenn man will, nicht ganz konsequent säkularisiert: das allumfassend-vermittelnde Medium Geld. Dieses hat bei näherem Hinsehen die alten Prädikate der Transzendenz übernommen. Hier aber müsste ein neues Kapitel begonnen werden.

Anders Wijkman

- 1944 geboren in Stockholm
- 1967 BA an der Universität zu Stockholm
- 1971 bis 1978 Mitglied des schwedischen Parlaments
- 1979 bis 1988 Generalsekretär des schwedischen Roten Kreuzes
- 1989 bis 1991 Generalsekretär der „Swedish Society for Nature Conservation"
- 1992 bis 1994 Generalsekretär der „Schwedischen Behörde zur Erforschung der Entwicklungszusammenarbeit (SAREC)"
- 1995 bis 1997 Assistierender Generalsekretär der UN und Generaldirektor beim UNDP
- seit 1998 Botschafter des schwedischen Außenministeriums
- seit 1999 Mitglied des europäischen Parlaments

Autor einer Vielzahl von Büchern über die Themenfelder Katastrophenprävention, nachhaltige Entwicklung und HIV/Aids.

Mitglied der königlichen schwedischen Akademie der Wissenschaften, der Weltakademie für Kunst und Wissenschaft, des internationalen Faktor 10 Club und des Club of Rome

Umdenken in der Entwicklungszusammenarbeit

Anders Wijkman

Zuerst möchte ich mich bei den Organisatoren bedanken, dass sie mich hierher eingeladen haben. Ich werde nicht streng dem im Programm genannten Thema folgen. Nicht weil ich nicht glaube, dass sich Europa für die Unterstützung des Global Marshall Plans gewinnen lässt, sondern weil ich glaube, dass wir zunächst kritisch betrachten müssen, wie die Europäische Union und deren Mitgliedsstaaten auf internationaler Ebene agieren – insbesondere im Hinblick auf die Entwicklungszusammenarbeit und die Armutsbekämpfung in der Welt, wenn wir unser Ziel erreichen wollen. Die Herausforderungen, die vor uns liegen, wurden schon genannt: weit verbreitete Armut, Bedrohung der globalen öffentlichen Güter, Epidemien, massive Arbeitslosigkeit, Menschenrechtsverletzungen, Bedrohung durch Terroristen und die Verbreitung von Massenvernichtungswaffen. Und ich habe keine Zweifel, dass wir Europäer in der Europäischen Union eine führende Rolle in der Auseinandersetzung mit diesen Problemen übernehmen müssen. Seine königliche Hoheit Prinz El Hassan hat über Multilateralismus gesprochen. Ernst von Weizsäcker hat auf die Notwendigkeit hingewiesen, globale öffentliche Güter zu schützen und zu produzieren. Wir müssen ein faires Handelssystem schaffen und einen wirtschaftlichen Rahmen für diese neue globalisierte Wirtschaft setzen, der alle einbindet und fair für alle ist. Und ich möchte hinzufügen: Wir müssen all die Furcht und die Ängste beseitigen, die heutzutage in der Welt um sich greifen. Der bereits hergestellte Bezug zur Entscheidung von General Motors, weitere 12.000 Arbeitsplätze abzubauen, ist nur ein Beispiel dafür. In diesem Zusammenhang ist mir zunehmend schleierhaft, dass wir anscheinend nur fähig sind größere Produktivität durch Arbeitsplatzkürzungen zu erreichen, wann immer wir Produktivität diskutieren.

Blicken wir auf die externen Beziehungen – insbesondere auf die Nord-Süd-Beziehungen – der Europäischen Union, ist ersichtlich, dass wir zur Zeit etwa 28 Mrd. Euro in Form von Entwicklungshilfe verteilen. Diese Hilfe kommt aus den öffentlichen Budgets, also von der Europäischen Kommission. Wir können sie als Gemeinschaftshilfe bezeichnen. Dies ist Entwicklungshilfe durch und in Kooperation von 25 Mitgliedsstaaten. Ich möchte an dieser Stelle darauf aufmerksam machen, dass mangelnde Koordination dieser Unternehmungen heute eines der größten Probleme ist. Anstelle von Koordination herrscht große Konkurrenz. Dies würde man im Bereich der Entwicklungszusammenarbeit nicht erwarten. Aber es gibt Konkurrenz, die auch für jedermann offensichtlich ist.

Weiterhin ist problematisch, dass unsere Entwicklungspolitik nicht auf die anderen Politikfelder abgestimmt ist. Im Hinblick auf die Entwicklungs- und die Handlungspolitik geben wir sozusagen mit einer Hand und mit der anderen nehmen wir wieder. Die Landwirtschaftspolitik z.B. verhindert den Zugang armer Bauern zu unseren Märkten. Noch problematischer ist natürlich, dass der subventionierte Überfluss an Nahrungsmitteln, der von europäischen Bauern produziert wird, die Märkte der Armen überschwemmt. Wohin auch immer ich reise und ich bin sehr oft in den Süden gereist, ist es leichter, Dosenprodukte aus Europa zu finden als frische Produkte aus der Region.

Ein anderes Problem, welches das Fehlen einer systemischen Betrachtung verdeutlicht, ist folgendes: Unsere Politikfelder sind sehr sektorisiert und die Verteilung der Entwicklungshilfe erfolgt fragmentiert. Diejenigen, die sich mit Sozialpolitik und Armutsbekämpfung beschäftigen, haben kaum Verbindung zu denjenigen, die sich mit Wasser beschäftigen; und sie haben ebenso wenig Verbindung mit denjenigen, die sich mit der Verteilung natürlicher Ressourcen auseinandersetzen. Nur um einige Beispiele zu nennen.

Ebenso problematisch ist die Ergebnismessung in der Entwicklungshilfe: Die Indikatoren, die wir zur Messung verwenden, um herauszufinden, was wir tun, was die Entwicklungshilfe bewirkt und ob der Geldeinsatz wirklich zu Ergebnissen führt, sind unterentwickelt. Und ich muss zugeben, als ich 1999 Mitglied des Europäischen Parlaments wurde und begonnen habe im Entwicklungshilfe-Komitee zu arbeiten, war es unmöglich überhaupt Informationen zu bekommen, wie viel Geld in den verschiedenen Bereichen ausgegeben wurde, weil es für die Entwicklungszusammenarbeit in der Kommission kein „Reporting System" gab. Und dies war nur ein Teil der Probleme. Ein ernsthafteres Problem war natürlich, dass die Auswirkungen unserer Bemühungen nicht zu erkennen waren. Man wusste nicht annähernd wie viele Krankenhäuser und Klinken gebaut wurden, und dies ist nur die Infrastruktur. Was passierte wirklich? Wurde die Gesundheit der Menschen verbessert? Uns fehlten einfach die Systeme, um diese Art von Informationen bereit zu stellen. Das wird zur Zeit verbessert. Aber ich kann Ihnen sagen, dass wir in vielen Bereichen noch eine Menge zu tun haben.

Ich möchte Ihnen zwei Beispiele für die Fragmentierung und die mangelnde Koordination geben: Mozambique, eines der ärmsten Ländern der Welt hinsichtlich der sozialen Infrastruktur und der Sozialleistungen, hatte letztes Jahr über 562 verschiedene Entwicklungshilfeaktivitäten zu verzeichnen. Die Gesamtsumme betrug 424 Mio. US Dollar, d.h. durchschnittlich 0,8 Mio. US Dollar pro Maßnahme. 381 dieser Maßnahmen wurden von Mitgliedsstaaten der Europäischen Union durchgeführt. Stellen sie sich vor, was passieren würde, wenn all diese besser koordiniert würden.

Versetzen Sie sich mal in die Lage des Ministers für Soziales in Mozambique, der sich mit diesen 562 Projekten auseinandersetzten und all die Projektleiter mindestens ein Dutzend Mal pro Jahr treffen muss: Wenn eine Delegation aus Schweden, aus Deutschland, aus Österreich, von der EU oder aus den USA kommt, dann muss er sich mit jedem Minister oder Generaldirektor treffen. Er verbringt seine ganze Zeit nur damit. Die Transaktionskosten sind kolossal. Wenn sie die anderen Sektoren betrachten – der soziale Sektor ist nur einer unter vielen – finden sich dort ebenfalls mehr als 1.000 unterschiedliche Maßnahmen – allein für Mozambique.

Nur damit Sie nicht denken, ich würde einen Sonderfall wählen. In Tansania ist es ebenso. Die Gesamtanzahl der Entwicklungshilfemaßnahmen ist etwas geringer, eine mangelnde Koordination ist jedoch ebenfalls offensichtlich.

Wenn wir dies nun von einem inhaltlichen Blickwinkel aus betrachten, haben wir heute ein gravierendes Problem im Bereich der Koordination der Entwicklungszusammenarbeit, das sowohl Teil der globalen Agenda, als auch spezifischer Länderagenden ist. Lassen sie mich kurz etwas darüber sagen.

Erstens haben wir weiterhin das Problem der Verschuldung. In den letzten zehn Jahren konnten wir verschiedene Initiativen beobachten, die vorrangig mit sehr hoch verschuldeten Ländern gearbeitet haben. Bis jetzt wurde jedoch nur sehr wenig zur Verbesserung der Situation dieser Länder erreicht. Ich habe keine genauen Zahlen, aber die Gesamtverschuldung armer Länder der Welt beträgt mehr als 2,5 Billionen US Dollar. Dabei können sie sich selbst den Kreditzins und das Interesse an den jährlichen Zahlungen ausrechnen. Es findet ein kolossaler Abfluss von Kapital aufgrund früherer Kredite aus diesen Ländern statt. Und wenn wir nichts dagegen unternehmen, werden viele dieser Länder nie wirklich Entwicklung erleben.

Zweitens bestehen Widersprüche zwischen unserer Handels- und Entwicklungsagenda. Das Handelssystem heute ist nicht fair, da die reichen Länder in Wirklichkeit bevorzugt werden. Wir scheinen zu vergessen, dass die meisten OECD Länder – wenn nicht sogar alle – ihre eigene Infrastruktur und industrielle Wettbewerbsfähigkeit mit Hilfe irgendeiner Form von Protektion entwickelt haben. Und nun verlangen wir von den Entwicklungsländern, unabhängig davon wie arm sie sind, dass sie all ihre Handelsbarrieren abbauen sollen. Das gesamte Handelssystem der WTO ähnelt meiner Meinung nach sehr einem Boxkampf, bei dem in der einen Ecke ein Schwergewicht und in der anderen ein Leichtgewicht steht.

Das dritte Problem ist die unzureichende Verknüpfung von Armuts- und Umweltagenda. Arme Menschen, insbesondere in ländlichen Regionen, sind sehr stark von natürlichen Ressourcen abhängig: von Boden, Wald, Weideland, Wasser und von Meeresressourcen. Wir erleben bereits eine schwerwiegende Vernichtung dieser natürlichen Ressourcen. Ökonomen können nicht verstehen, dass für die Armen dieser Welt das Bruttobiomasseprodukt und die Gesundheit der Natur wichtiger sind als das Bruttoinlandsprodukt, da sie nicht Teil der monetarisierten Weltwirtschaft sind. Wenn ich mir ansehe, wie die meisten Mitgliedstaaten der Europäischen Union – mit einigen Ausnahmen – und die Gemeinschaft versuchen, Probleme wie Entwaldung, Bodenerosion und Wasserprobleme anzusprechen, erscheint mir dies meist fehlerhaft. Sie wissen nicht, wie sie die Umweltansprüche der armen Menschen in die Strategien zur Armutsbekämpfung einbeziehen sollen; sie denken gewissermaßen in 'Schranken'.

Und das Hauptproblem ist, dass die Mehrheit innerhalb dieser „Schranken" ausgebildet wurde. Jeder denkende Mensch versteht natürlich, dass eine gesunde Umwelt für die Armen absolut essenziell ist. Denn sollte sie verloren gehen, verschlimmern sich die Ausmaße der Armut. Daher wäre es zwangsläufig die beste Entwicklungshilfe für all diese Bereiche, in natürliches Kapital, nicht aber in finanzielles Kapital zu investieren: Aufforstung und Bodenschutz können die Erträge verbessern und damit den Menschen helfen der Armut zu entkommen. Wir haben hierfür einige Beispiele gesehen, insbesondere in Indien. Arme Dörfer haben in natürliches Kapital investiert und damit die Menschen aus der Armut befreit. Auf der anderen Seite konnten die Dörfer, die dies vernachlässigt haben, nicht überleben.

Ein anderer Problembereich in der Entwicklungspolitik sind Genderaspekte. Frauen sind diejenigen, die die „Brötchen" verdienen. In einem Großteil der Dörfer übernehmen Frauen die Führung und helfen, bessere Lebensbedingungen zu erzeugen. Es sind Frauen, die die Entwicklung in den meisten Entwicklungsländern voranbringen. Dies ist ein Faktum. Und wir können diese Entwicklung nicht richtig fördern, da ein Mangel an Kenntnis darüber besteht, wie man speziell Frauen unterstützt.

Weitere Bereiche, in denen viel erwartet wird, sind Gesundheit und Bildung. Man würde denken, dass innerhalb der EU ein großer Teil der Hilfe für die Unterstützung von Gesundheit und Bildung verwendet wird, aber dem ist nicht so. Nehmen Sie HIV/Aids – seit 20 Jahren haben wir dieses Problem vernachlässigt. In den achtziger Jahren habe ich für das Rote Kreuz gearbeitet. Wir begannen den Kampf gegen HIV/Aids 1985 in Uganda. Schon damals, Ende der achtziger Jahre, haben uns Demographen und Epidemologen gesagt, dass große Teile Afrikas durch den Virus destabilisiert werden, wenn wir der Ausbreitung nicht vorbeugen. Unglücklicherweise hat weder die Weltgemeinschaft noch die afrikanische Regierung viel dafür getan. Erst in den letzten Jahren haben wir angefangen, Mittel zu mobilisieren – ein wenig spät.

HIV/Aids breitet sich jetzt sehr schnell aus – nicht nur in Afrika, sondern auch in China, in Indien, in Ostasien, in Russland etc. Meine Damen und Herren, Prävention ist besser als Heilung. Es wäre weitaus kosteneffektiver gewesen, wenn man in der Vergangenheit mehr getan hätte.

Ein anderes kritisches Handlungsfeld ist der Zugang zu Energie, Technologie und Krediten. Seine königliche Hoheit Prinz El Hassan hat Bezug auf die „digitale Spaltung" genommen. 700 Mio. Menschen haben heutzutage Zugang zum Internet. Dies ist eine wirkliche Erfolgsstory in weniger als zehn Jahren – das Fernsehen brauchte 50 Jahre, um das gleiche Publikum zu erreichen. Allerdings ist die „digitale Kluft" ein Fakt. Sehr große Regionen sind ausgeschlossen. In den letzten fünf Jahren habe ich versucht, die Integration von IT in das Portofolio der Entwicklungszusammenarbeit durchzusetzen. Mr. Poul Nielson, der ehemalige Kommissar für Entwicklung, war diesbezüglich nicht positiv eingestellt. Er sagte mir einmal: „Herr Wijkman, arme Menschen können keine Computer oder Mobiltelefone essen; sie brauchen Nahrung, sie brauchen Unterkunft, und sie brauchen Wasser. Wir müssen mit

Technologie noch warten." Ich will nicht bestreiten, dass sie Wasser, Nahrung und Unterkunft brauchen; ich denke allerdings, dass dies keine faire Option ist. Es ist nicht entweder oder, es muss beides sein. Es gibt so viele Beispiele im Süden, wo Informationstechnologien die Agenda zur Armutsbekämpfung aktiv bereichern. Wir müssen zweigleisig fahren. Die meisten armen Länder haben nicht an der industriellen Revolution teilgenommen, da sie Kolonien waren und nur die Rohstoffe liefern mussten. Nun laufen sie Gefahr auch die Informationsrevolution zu verpassen.

Ein weiteres Problem, das mir sehr am Herzen liegt: Wieso müssen Entwicklungsländer – mehr oder minder – alle Fehler wiederholen, die wir bei der Modernisierung unserer Ökonomie gemacht haben? Ich habe die Probleme des schlechten Managements der natürlichen Ressourcen in ländlichen Gegenden bereits angesprochen. Wenn sie in städtische und industrielle Gegenden kommen, sehen sie die gleichen Schornsteine, wie wir sie vor 50 Jahren hatten. Warum? Warum gibt es nicht mehr Technologiesprünge? Dies passiert nur in einem Bereich in großem Umfang: im Bereich der Mobiltelefonie. Viele Länder, insbesondere China, investieren nicht in Kabelnetze sondern in Funknetze. Doch wieso gibt es Ähnliches nicht im Bereich von Energie, Transport, Abfallmanagement, Chemie und Landwirtschaft?

Die Förderung von Demokratie und Menschenrechten ist ebenfalls ein Problemfeld, an dem wir in der Vergangenheit wenig getan haben. Wenn Sie den Blick in die arabische Welt richten, verstehen Sie, was ich meine. Bemühungen zur Verminderung der Korruption und zur Konfliktlösung sind weitere Beispiele für Bereiche, in denen die Entwicklungszusammenarbeit zu wenig aktiv gewesen ist.

Nachdem ich die Mängel und Probleme aufgezeigt habe – gibt es da Hoffnung? Meine Antwort ist ein klares Ja! Aber die Lösung kann nicht „Ein Mehr des Gleichen" sein. Vielmehr müssen wir unsere Arbeitsweise überdenken. Was wir dringend brauchen ist ein Vertrag zwischen Nord und Süd, einen Weltvertrag oder einen Global Marshall Plan. Wir können unterschiedliche Konzeptionen haben und mit ihnen arbeiten, aber eines ist klar: „Ein Mehr des Gleichen" wird nicht helfen.

Das ist nicht nur eine Frage der Investition von mehr Geld. Die wirkliche Herausforderung ist, die Gelder in der richtigen Art und Weise zu investieren.

Ich bin bereits auf einige Problemfelder eingegangen, in denen eine wesentliche Verbesserung erforderlich ist. Lassen Sie mich nur noch ein paar abschließende Bemerkungen machen und einige Punkte betonen.

Oberste Priorität muss ein signifikanter Schuldenerlass haben. Andernfalls werden die meisten armen Länder nicht überleben.

Zum Zweiten müssen wir die Entwicklungshilfe mindestens verdoppeln und die Organisation unserer Arbeit überdenken. Auch wenn ich in der Vergangenheit sehr kritisch gegenüber der EU Kommission gewesen bin, denke ich, dass wir sie dazu anhalten sollten, ihre Arbeit zu verbessern und dass wir ihr in Zukunft eine führende Rolle in der Koordination, der Erhaltung und der Kohärenz der Entwicklungszusammenarbeit geben sollten. Andernfalls werden wir weiterhin Hunderte, wenn nicht Tausende, an parallelen Projekten in verschiedenen Bereichen sowie eine Konkurrenz zwischen Gemeinschaft und Mitgliedsstaaten haben – von der Konkurrenz gegenüber anderen Geldgebern mal ganz abgesehen.

Im Bezug auf die Koordination sollte soviel wie möglich in den Händen der entsprechenden Empfänger der Entwicklungshilfe liegen. Eigentumsrechte sind ein kritischer Punkt, aber wir müssen etwas gegen die Konkurrenz zwischen den Gebern tun. Wir müssen sicherstellen, dass sich die Hilfen der einzelnen Geber ergänzen und nicht das Gegenteil passiert. Darüber hinaus müssen wir die Kohärenz zwischen den einzelnen Politikfeldern verbessern. In all diesen Bereichen sollte die EU eine führende Rolle bekommen.

Wir sollten die EU-Erweiterung, darauf hat uns mein Freund Franz Josef Radermacher immer wieder hingewiesen, als Modell heranziehen: Wir haben gerade zehn neue Mitglieder in die EU aufgenommen. Wie Sie wissen, brauchte es dazu fast fünfzehn Jahre an Vorbeitrittsgesprächen und wirtschaftlicher Unterstützung. Jedes

Jahr unterstützte die Europäische Union die zehn Beitrittsländer, darunter Ungarn und die Balkan-Staaten mit etwa drei oder vier Mrd. Euro, um ihnen bei der Entwicklung der Gesetzgebung, dem Bau von Infrastruktur, der Stärkung ihres Gesundheitssystems, ihrer Umweltgesetzgebung und der Antikorruptionsmaßnahmen etc. zu helfen. Ich will damit nicht sagen, dass dies perfekt organisiert war, aber es ist ein Modell, das funktionierte und zwar gesamtheitlich unter der Führung von Brüssel.

Können Sie sich vorstellen, dass das funktioniert hätte, wenn jeder der 15 Mitgliedsstaaten seine eigene Agenda im Bezug auf die entsprechenden Beitrittsländer verfolgt hätte? Jeder seinen eigenen Interessen gefolgt wäre? Nein, es hätte nicht funktioniert. Warum sollten wir zukünftig nicht die gleichen Überlegungen in der Entwicklungszusammenarbeit anwenden? Ich stimme zu, dass man die Entwicklungszusammenarbeit und die Hilfestellung in den Baltischen Staaten nicht exakt mit der in Mozambique vergleichen kann. Da gibt es natürlich große Unterschiede, aber der allgemeine Ansatz könnte in ähnlicher Weise angewendet werden.

Ein anderes absolut essenzielles Moment ist die Förderung des „Faktor Zehn"! Wir wissen, dass die resultierende Umweltverschmutzung verheerend wäre, gesetzt den Fall, dass jeder auf diesem Planeten einen Lebensstil führen würde wie er in Europa üblich ist, d.h. mit den gleichen Technologien. Wir sind schon zu weit gegangen, d.h. wir haben die Grenze dessen, was die Biosphäre an Abfall und Reststoffen aufnehmen kann, bereits überschritten. Also müssen wir einfach intelligenter im Umgang mit Energie und Rohstoffen werden. Ernst von Weizsäcker hat in seinem Buch „Faktor Vier" geschrieben, dass mit bestehenden Technologien schon viel für eine energieeffizientere Nutzung getan werden kann. Wir brauchen aber mehr als das. Wahrscheinlich brauchen wir langfristig einen „Faktor Zehn".

Weitaus effizientere Technologien und saubere Energie sind ein absolutes Muss. Und glauben Sie nicht denen, die industrielle Interessen vertreten und sagen, dass das nicht möglich ist. Denn die Sonne gibt uns täglich und jährlich 13.000 mal mehr Energie als wir kommerziell nutzen. Ich stimme zu, dass dies in einer diffusen und unkonzentrierten Form geschieht, aber ich denke, dass es langfristig möglich ist, saubere Energie für jeden von uns bereitzustellen, wenn wir ausreichend Mittel in die Forschung investieren. Das haben wir bisher noch nicht getan. Wenn wir das Forschungsbudget für alternative Energien wie Solar, Wind etc. damit vergleichen, was wir in den letzten 50 Jahren für die Entwicklung von Nuklearenergie ausgegeben haben, erscheint die Summe wie ein Almosen. Es hätte mehr getan werden können.

Eine andere wichtige Priorität ist die Investition in natürliches Kapital. Wir müssen aufforsten und Böden renaturieren. Wir müssen mehr Grün- und Freiflächen schaffen und nicht weniger. Wir können nicht die physische Wirtschaft und damit den Energie- und Stoffdurchfluss endlicher Rohstoffe erweitern und gleichzeitig die ökologische Grundlage reduzieren. Dies begründet sich natürlich darin, dass das Ökosystem eine Menge unentbehrlicher Leistungen für uns bereitstellt. Diese beinhalten die Fähigkeit, neue Ressourcen aus Abfall und Reststoffen mithilfe von Sonnenenergie und Photosynthese zu erzeugen. Wenn wir also das natürliche System weise nutzen, wird es uns mehr Ressourcen geben und nicht weniger. Wenn wir es jedoch nicht weise nutzen, wenn wir abholzen, wenn wir verschmutzen, dann wird es den umgekehrten Weg nehmen.

Und nicht zuletzt müssen wir der HIV/Aids-Prävention mehr Priorität einräumen. Nun, und dies soll mein letzter Kommentar sein, all diesen Prioritäten muss in integrativer Form nachgegangen werden.

Wir müssen „Systemdenker" werden. Das ist natürlich nicht einfach. Insbesondere aufgrund der Art und Weise wie wir ausgebildet sind. Daher müssen wir die Art überdenken, wie Wissenschaft und Bildung organisiert sind.

Wir haben heute über 20.000 Disziplinen in der akademischen Welt. Ich bin nicht gegen Spezialisierung, denn sie stellt Lösungen für viele Probleme bereit. Allerdings ist es ebenso wichtig zu verstehen, wie die Dinge miteinander verbunden sind. Lassen Sie mich ein Beispiel geben: Wie viele Institutionen weltweit bilden

Menschen darin aus, das Ganze zu verstehen, also zu verstehen, wie die Dinge zusammenhängen. Sehr, sehr wenige. Ich weiß, dass dies etwas ist, was nicht einfach wird. Jedes Mal, wenn ich Wissenschaftler treffe – und ich habe in meiner beruflichen Laufbahn eine Menge getroffen –, dann sprechen wir darüber und jeder sagt: „Ja, wir müssen mehr multi-, trans- und interdisziplinäre Arbeit leisten." Doch wenn sie in ihre Institutionen zurückkehren, kämpfen sie wie versessen für die Integrität dieser Institutionen, die disziplinär organisiert sind. Sie erhalten ihre Budgets entsprechend, sie werden entsprechend befördert – und es muss hinzugefügt werden: Sie erhalten den Nobel-Preis disziplinär. Ich denke, wenn wir zukünftig wirklich an einer veränderten Entwicklung interessiert sind, müssen wir Überdenken, wie wir Menschen ausbilden, welches Weltbild wir ihnen mitgeben. Das ist mir sehr, sehr wichtig.

Wenn all dies umgesetzt wird, bin ich ein wenig optimistisch, dass auch Ökonomen anfangen, die Welt außerhalb ihrer ökonomischen Sichtweise zu sehen – und ich bin als Ökonom ausgebildet worden! Mich hat immer ein indianisches Sprichwort fasziniert, welches auf die Wirtschaftslehre angewendet folgendes besagt: „Wenn der letzte Baum gefällt ist und der letzte Fisch gefangen, dann wird der Mensch feststellen, dass er Geld nicht essen kann."

Prof. Dr. Dr. Franz Josef Radermacher

- 1950 geboren, verheiratet, 1 Sohn, Promotion Mathematik RWTH Aachen und Wirtschaftswissenschaften Universität Karlsruhe, Habilitation in Mathematik an der RWTH Aachen
- 1983 bis 1987 Professor für angew. Informatik, Universität Passau
- Seit 1987 Leiter des Forschungsinstituts für anwendungsorientierte Wissensverarbeitung Ulm und Berufung zur Professur für Datenbanken und Künstliche Intelligenz, Universität Ulm
- 1992 bis 1993 Mitglied in der „Zukunftskommission Wirtschaft 2000"
- 1994 bis 1996 Mitglied im „Innovationsbeirat"
- 1995 bis 2001 Mitglied im „Information Society Forum" der Europäischen Kommission
- Seit 2000 Sprecher des „Global Society Dialogue" des Information Society Forums der EU
- Seit 2001 Vizepräsident des Ökosozialen Forums Europa
- Seit 2002 Mitglied des Beirats der Landesregierung Baden-Württemberg und Mitglied der Jury für den Deutschen Umweltpreis
- Seit 2002 Mitglied im Beirat der Deutsche Bahn AG
- Seit 2002 Mitglied im Club of Rome
- Seit 2003 Vorsitzender des wissenschaftl. Beirates des Bundesverbandes für Wirtschaftsförderung und Außenwirtschaft (BWA)
- Mitglied im Deutschen Nationalkomittee der UNESCO für die Weltdekade „Bildung für nachhaltige Entwicklung"

Prof. Radermacher ist Autor von über 200 wissenschaftlichen Arbeiten.

Global Marshall Plan -
Warum der Marktfundamentalismus
die Welt arm macht

Prof. Franz Josef Radermacher

Erstveröffentlichung:

Franz Josef Radermacher: Ökosoziale Grundlagen für Nachhaltigkeitspfade. Warum der Marktfundamentalisus die Welt arm macht. Gaia Vol. 13, H.3 (2004). S. 170 - 175.

Dieser Beitrag zur Debatte über den freien Markt, über Marktfundamentalismus, Turbokapitalismus und die neoliberale Philosophie der Weltökonomie will zur Klarheit beitragen. An frustrierende Erscheinungen der unregulierten Weltökonomie wie das Platzen der New-Economy-Blase, Kollapse und Betrugsdelikte an den Weltfinanzmärkten, die katastrophalen Folgen einer Politik des Internationalen Währungsfonds gemäß „Washington Consensus" in Afrika und Lateinamerika oder auch den mittlerweile überall zu verfolgenden sozialen Rückbau in den voll entwickelten Ländern und die niedrigen Wachstumsraten hat man sich inzwischen gewöhnen müssen. Dies gilt ebenso für massive Umweltzerstörung, den rasanten Verbrauch kritischer Ressourcen und die Zunahme sozialer Not und das Anwachsen von Hass und Terror. Dennoch vermeidet die offizielle Debatte den Tabubruch beim neoliberalen Modell. Immer noch steht das Dogma im Raum, dass seine Mechanismen jedenfalls die beste Methode darstellen um ein hohes Wachstum zu erzielen. Und hohes Wachstum ist die Lösung aller Probleme. Das tatsächliche niedrige Wachstum in reichen Ländern, wie Japan und Europa, kann deshalb nur auf zuviel sozialen Ausgleich zurückgeführt werden.

Hier will ich aufzeigen, dass die Situation aber systematisch anders ist. Neben vielen Übeln, die er hervorbringt, bringt der Marktfundamentalismus zudem nicht das höchste Wachstum. Selbst dieses letzte Versprechen hält er nicht ein. Er führt vielleicht zu mehr Wachstum als der Kommunismus, aber das Maß aller Dinge ist er nicht – das ist die Ökosoziale Marktwirtschaft [1].

Der freie Markt produziert etwas anderes: zum einen vermeintliche Wertschöpfung durch Plünderung der Umwelt und zum anderen eine massive Umverteilung nach oben. Für die „Spitze der Pyramide" ist beides, besonders in einer kurzfristigen Perspektive, oft interessanter als höheres Wachstum bei einer gemäßigteren Verteilungsrelation.

Die Mechanismen, über die andere Verteilungsrelationen durchgesetzt werden, sind im Wesentlichen auf Weltordnungsebene verankert. Beispiele hierfür sind die Organisationen WTO und IMF. Und weil diese Mechanismen dort schon fast monopolistisch durchgesetzt werden, kann dann auch nirgendwo auf dem Globus jemand mit einer anderen Politik und mehr Wachstum diesen Zustand aushebeln. Zu den bevorzugt benutzten Durchsetzungsmechanismen gehört eine Überbetonung von Eigentumsrechten (vornehmlich für geistiges Eigentum) oder von Monopolen à la Microsoft, sowie seit kurzem das Puschen von Popanz-Themen wie „Homeland Security" gegenüber Alternativen wie einer verständnisvollen Entwicklungszusammenarbeit zur Förderung weltweiter Sicherheit.

Dass dieser Kurs die Umwelt zerstört und weltweit Hass und Terror provoziert und de facto Sicherheit verringert ist dann sogar hilfreich. Man kann unter Bedingungen der Bedrohung noch mehr Kontrolle, auch bei Eigentumsrechten und noch mehr Eigenschutz und -nutz durchsetzen. Durch die Abschottung von Grenzen und den selektiven Durchlass von Premiumkandidaten à la Green Card lässt sich zugleich eine Vorteil versprechende Differenzierung in der „ärmeren Welt" bei gleichzeitiger subtiler Machtausübung und noch mehr Umverteilung nach oben in Richtung „reiche Welt" bewirken bzw. aufrechterhalten.

Der Hinweis auf die hohen Wachstumsraten bestimmter ärmerer Länder ist dann eine weitere Irreführung, um die Bevölkerung reicher Länder zu verwirren und den Glauben an das Wachstumspotenzial marktfundamentalistischer Lösungen zu stärken. Für ein besseres Verständnis solcher Manipulationen öffentlicher Wahrnehmung (Public Awareness Management), ihren Hintergrund und für

Erklärungsversuche bezieht sich dieser Beitrag immer wieder auf Ergebnisse einer Studie im EU Projekt TERRA 2000 [3].

Wachstum und sozialer Ausgleich: Das Ringen um die Megaphilosophie der modernen Welt

Das zentrale Thema in der Organisation von Großgesellschaften sind die intellektuellen Konstrukte für Letzterklärungen. Früher waren dies Religionen, heute sind es ökonomische Megaphilosophien [4], zum Beispiel der Glaube an den freien Markt. Mit solchen „Philosophien" werden Gesellschaften in bestimmte Richtungen gelenkt. Sie setzen einen „Denkrahmen", in dem die Probleme der Welt gedeutet werden. Für die heutige Welt ist der freie Markt und sein Wachstumspotenzial so etwas wie der heilige Gral. Sozialer Ausgleich, Eingriff des Staates, Umverteilung nach unten von den selbsternannten Wertschöpfern hin zur großen Masse der Bevölkerung, das ist das Böse. Besonders wird Wachstum verherrlicht – egal wieviel man schon hat, und auch egal, wie nahe einem Desaster die Situation von Ressourcenverbrauch und Umwelt ist. Nach uns die Sintflut!

Wenige Themen beschäftigen konsequenterweise die moderne Gesellschaft so sehr wie das wirtschaftliche Wachstum. Dabei ist schon die Messung des Wachstums schwierig. Dies hängt direkt mit der Problematik der Definition des Bruttoinlandsprodukts zusammen. Vor allem geht es um die Frage, wie man Zerstörung als Teil von sogenannter Wertschöpfung adäquat behandeln soll [5].

Warum vergötzen Gesellschaften das Wachstum? Weil man unter Wachstumsbedingungen umverteilen kann und sich soziale Konflikte bei Verteilung eines Zuwachses politisch sehr viel leichter lösen lassen als wenn man dies bei gleichbleibendem oder schrumpfendem „Kuchen" (Bruttoinlandsprodukt pro Kopf) tun muss. Denn dann kann man jemandem nur etwas geben, wenn man es einem anderen wegnimmt. Darum ist Wachstum die Zauberformel für fast alles, auch und gerade in reichen Ländern. Wir erlauben uns als Erste Welt sogar die perverse Ideologie, dass es ohne zwei bis drei Prozent jährliches Wachstum unmöglich sei, für alle Menschen eine sinnstiftende Arbeit zu ermöglichen.

Natürlich bleibt da ein Grundsatzproblem: Wie tariert man Wachstumsraten und sozialen Ausgleich aus? Wenn etwa sozialer Ausgleich daran gemessen wird, dass der ärmere Teil der Bevölkerung über einen bestimmten Prozentsatz vom Kuchen verfügt, dann stellt sich immer die Frage, ob ein hoher Prozentsatz eines kleineren Kuchens besser ist als ein niedriger Prozentsatz eines viel größeren Kuchens. Im zweiten Fall haben die Armen zwar absolut mehr, relativ gesehen, das heißt im Vergleich und in der täglichen Konkurrenz mit allen übrigen Mitbürgern, aber weniger. Obwohl sehr viel für den relativen Aspekt von Armut spricht und dies auch die abstrakte Position der Europäischen Union ist, votieren moderne Gesellschaften in der Regel für ein höheres Wachstum, selbst um den Preis eines geringen sozialen Ausgleichs. Das hat zwei Gründe:

(1) Über längere Zeit nehmen die absoluten Zuwächse bei höheren Wachstumsraten immer mehr zu, auf Dauer gilt daher: Wachstum schlägt Quote.

(2) Man hat als Land heute kaum mehr eine unabhängige Wahl, solange die Weltordnungsverhältnisse es erlauben diesen Weg zu gehen. Wer nicht mitgeht, wird im Verhältnis zu anderen, wachstumsintensiveren Ländern, ökonomisch marginalisiert und ist dann dem Willen dieser Konkurrenten ausgeliefert: Hohes Wachstum schlägt auf Dauer machtpolitisch jede Alternative und zwingt sich somit über die heutige (falsche) Weltordnung jedem auf.

Tatsächlich liegt in (2) ein tieferer Grund für den Zusammenbruch des Sowjetsystems. Aber auch für die besondere Bedeutung einer Green Card: Auf Dauer verliert jedes zurückbleibende Land die am besten Ausgebildeten, die vielversprechendsten eigenen Nachwuchskräfte an die Spitze der Pyramide. In der Konkurrenz zu bestehen ist dann aussichtslos. In allen Ländern spielt deshalb heute in der politischen Debatte die Frage eine besondere Rolle, ob und wie man ein möglichst hohes Wachstum schafft. Nicht überraschend ist es auch die erklärte Politik der EU, die wachstumsstärkste Wissensökonomie der Welt zu werden.

Es ist nun der Kern der subkutan-marktfundamentalistischen Propaganda, dass freie Märkte das höchste Wachstum erzeugen und dass immer mehr Umverteilung nach oben, immer mehr Deregulierung und eine verminderte Konzentration auf sozialen Ausgleich de facto das Wachstum immer höher treibt, und dass eine Politik des sozialen Rückbaus deshalb für alle Länder der attraktivste Weg sei, reich(er) zu werden. Mit Hinweis auf dynamische Schwellenländer wird zudem suggeriert, Wachstumsraten von sechs, acht oder gar zehn Prozent und mehr seien eine mögliche Perspektive. Dagegen stehe nur die Blockade einer starrköpfigen, reformunwilligen politischen Administration und von Gewerkschaftsfunktionären, die sich allesamt selber bedienen und so aus schierem Eigennutz zur Wachstumsbremse werden. Im folgenden wird dargelegt, dass dieses Bild falsch ist, aber vortrefflich den heimlichen Interessen der „Spitze der Pyramide" und ihnen zuarbeitenden Experten dient: Sie sind weniger auf Wachstum aus, als auf Veränderung der Verteilungsrelation zu ihren Gunsten. Zum besseren Verständnis der Situation sind zwei Differenzierungen notwendig: (1) Man muss grundsätzlich zwischen den Wachstumsmöglichkeiten reicher Länder und denen sogenannter Entwicklungsländer unterscheiden. (2) Balance ist die Zauberformel für Wachstum. Zuwenig sozialer Ausgleich und zuviel sozialer Ausgleich machen Länder arm.

Beide Extreme sind gleichermaßen schlecht. Der Niedergang des Kommunismus, zeitweilig eine Ersatzreligion, hat damit zu tun, dass erzwungene Gleichheit Länder arm hält. Die heutigen weltweiten Probleme wie Umweltzerstörung, Hunger, Hass, Terror haben mit der jüngsten Ersatzreligion, dem Turbokapitalismus zu tun. Tatsächlich geht es in der sozialen Frage um Balance. Gesellschaften müssten insofern unter vernünftigen weltweiten Ordnungsbedingungen (glücklicherweise) nicht für immer höhere Wachstumsraten mit immer größerer Ungleichheit bezahlen, wenn sie in der internationalen Konkurrenz vorne sein wollen. Vielmehr stellt sich heraus, dass die höchsten Wachstumsraten gekoppelt sind mit vernünftigen Größenordnungen des sozialen Ausgleichs, während eine noch weitergehende Steigerung der Ungleichheit im Gegenteil dazu führt, dass die Wachstumsraten kleiner werden. Die aufgeworfenen politischen Probleme sind daher lebenspraktisch zu bewältigen, was übrigens interessante Bezüge zur Gerechtigkeitstheorie von Rawls aufweist und in einem gewissen Sinne die praktische Umsetzbarkeit dieser Theorie zeigt [6].

Wie soll man aber in einer falsch geordneten Welt agieren, die ein Land ärmer macht als es sein müsste? Unter Bedingungen, wie sie der Freihandel beschert kann eine vernünftige nationale Politik dagegen nicht durchgehalten werden, da Kapital und Investitionen dorthin wandern, wo man besser „plündern" kann, wenn solches Tun von der Welthandelsorganisation WTO erlaubt wird. Das Stichwort hierzu heißt Doppelstrategie. Das ist eine Reaktion auf eine absurde Situation ("Gefangenen-Dilemma" in der Sprache der Spieltheorie). Man muss in einer falsch geordneten Welt zur Not selbst das Falsche tun, um zu überleben sollte dann aber das Falsche nicht auch noch als richtig bezeichnen. Vielmehr gilt es, klug mit anderen Betroffenen an Bündnissen zur Veränderung globaler Rahmenbedingungen zu schmieden, so dass sich auf Dauer die Macht der Spitze aushebeln und ein vernünftigeres globales Regime, perspektivisch eine weltweite Ökosoziale Marktwirtschaft, installieren lässt.

Warum macht zuviel sozialer Ausgleich ein Land arm?

Die Menschen haben in der Geschichte verschiedene Ansätze verfolgt, um die Frage des sozialen Ausgleichs zu regeln. Die Idee des Kommunismus in seiner idealen Ausprägung, wonach jeder im wesentlichen das gleiche bekommt (oder genauer, jeder nach seinen Bedürfnissen), scheitert entweder an insgesamt zu hohen Bedürnissen, oder, bei Gleichbehandlung aller, an der Individualität der Menschen. Die Menschen sind höchst unterschiedlich, sowohl in dem, was sie wollen, als auch insbesondere bezüglich dessen, was sie leisten können. Wenn man nun eine Gleichheit mit Gewalt durchzusetzen versucht, dann reduziert man die Freiheit des einzelnen und die Motivation aller Betroffenen bis auf ein Maß, bei dem alle miteinander letztlich so wenig hervorbringen, dass bei diesem Regime selbst die Ärmsten noch unzufrieden sind, obwohl sie genau so viel bekommen wie die Reichsten.

Wir brauchen deshalb Differenzierung, wir müssen sie zulassen. Gesellschaften und Märkte, die genügend Differenzierungen zulassen, funktionieren besser. Und deshalb ist es auch ein Ergebnis empirischer Untersuchungen, dass es auf diesem Globus kein einziges erfolgreiches, das heißt reiches Land gibt, in dem die reichsten 20 Prozent der Bevölkerung weniger als 35 Prozent des „Kuchens" unter sich aufteilen. Wenn also für die ärmeren 80 Prozent der Bevölkerung insgesamt höchstens 65 Prozent vom Kuchen übrigbleiben, ist offenbar genügend Spielraum da, um Exzellenz, Risikoübernahme und auch Glückhaben honorieren zu können.

Im schon genannten Ergebnisbericht des Projekts TERRA 2000 wird argumentiert, dass eine gewisse Anzahl von Personen (drei bis zehn auf 10.000) etwa das 20–25fache des Durchschnittseinkommens (vor Steuern) eines Landes verdienen muss, um ein ausreichendes Motivationspotenzial für höchste Leistungen und höchsten Einsatz zu gewährleisten. Anhand einer mathematischen Theorie des sozialen Ausgleichs lässt sich folgern, dass in einer bestimmten Logik bei den reichsten 20 Prozent im Lande mindestens 35 Prozent des Kuchens ankommen müssen, damit zumindest drei von 10.000 Menschen das 16fache Durchschnittseinkommen (nach Steuern) erreichen.

Warum macht zuwenig sozialer Ausgleich ein Land arm?

Wir haben gesehen, dass zuviel sozialer Ausgleich zu Armut führt. Leistung muss belohnt und Risikoübernahme honoriert werden. Marktfundamentalisten haben aus dieser Tatsache und aus dem damit zusammenhängenden Niedergang des Kommunismus allerdings ein nie offen ausgesprochenes, aber subkutan breit verankertes Programm entwickelt: Je mehr Deregulierung, je mehr Umverteilung nach oben, je weniger organisierter Ausgleich, um so besser für uns alle, um so reicher werden wir, um so besser funktioniert die Gesellschaft. Das ist nun eine absurde Schlussfolgerung, denn wenn im Extremfall der ganze Kuchen bei den reichsten 20 Prozent landet, würde ja der Rest verhungern.

Die „Traumvariante" besteht in der Vorstellung, dass dann, wenn man einen öffentlichen Haushalt dadurch saniert, dass man die Steuern senkt, sich in der Folge so viel mehr Wachstum einstellt, dass man aufgrund des niedrigen Steuersatzes mehr Steuern einnimmt als zuvor beim hohen. Dieser Vorschlag mag am Ausgangspunkt einer extremen Gleichverteilung richtig sein, ist aber spätestens dann absurd, wenn ohnehin schon der halbe Kuchen bei den reichsten 20 Prozent landet, aber trotzdem sehr wirksam zur Verfolgung der Interessen der Reichsten. Denn sie stehen danach deutlich besser, auch ohne Wachstum, während es 80 Prozent der Bevölkerung deutlich schlechter geht, wobei dann das Ausbleiben von Wachstum nach der Kürzung von Sozialausgaben immer gerne als Begründung dafür genommen wird, noch mehr Rückbau zu fordern. Das gibt zwar auch kein Wachstum, kann aber dennoch für die reichsten 20 Prozent interessant sein, weil die Befähigung, personennahe Dienstleistungen anderer preisgünstig einkaufen zu können, eine der wichtigsten Funktionen des Reichtums. Und in dieser Hinsicht verbessert sich dann die Lage an der Spitze des Systems dauernd. Dies ist ein Punkt, an dem ein ethisch-moralisches Problem (Moral Hazard) auftritt. Die Interessen des reichsten Fünftels und der ärmeren vier Fünftel fallen möglicherweise auseinander.

Wir gehen nun der Frage nach, warum Länder arm sind, wenn zu stark nach oben umverteilt wird. Oder anders gefragt: Was ist der eigentliche Beitrag des sozialen Ausgleichs? Bei näherer Betrachtung ist das nicht das Zahlen einer Sozialhilfe. Die macht in

Deutschland weniger als ein Prozent des Bruttoinlandsprodukts aus. Vielmehr ist die Hauptfunktion des sozialen Ausgleichs die gesamtgesellschaftliche Leistung, die gesamte Bevölkerung gut auszubilden, gesund zu halten und mit einer vernünftigen Infrastruktur auszustatten. Dies nicht nur, weil es fair ist, weil es den Frieden sichert und weil es den systemischen Charakter des Wohlstands widerspiegelt, sondern natürlich auch deshalb, weil dies die Basis für eine friedensfähige und zudem reiche und wettbewerbsfähige Gesellschaft ist – und für eine tatsächliche Demokratie, weil diese eine gewisse „Waffengleichheit" zwischen den Menschen voraussetzt. Warum steckt nun unvermeidlich ein substantielles Element von Umverteilung darin, für die gesamte Bevölkerung eine gute Ausbildung, einen guten Gesundheitszustand und eine exzellente Infrastruktur sicherzustellen? Wenn man dies genau bedenkt und sich in einem Land befindet, in dem Bürger Niederlassungsfreiheit haben, also nicht durch Beschränkungen der Reisefreiheit und Festhalten an bestimmten Orten oder durch Ausreiseverbote zu bestimmten „preiswerten" Diensten gezwungen werden können, dann müssen bestimmte hochwertige Tätigkeiten mindestens mit dem Durchschnittseinkommen bezahlt werden. Gute Ausbildungskräfte und gute Mediziner können so in der Regel durchsetzen, dass sie adäquat honoriert werden. Es ist besonders in hochentwickelten Ländern nicht möglich, diese Menschen durch administrative oder institutionelle Zwänge zu nötigen, für die Kinder des ärmeren Teils der Bevölkerung entsprechend günstigere Konditionen anzubieten, oder anders ausgedrückt, mit Prozentzahlen des Einkommens eben dieser Familien sich als bereits ausreichend entlohnt anzusehen.

Genau das aber war eine wichtige Funktion der Rassensegregation in den USA: Die Aufwendungen für die Schulausbildung schwarzer Kinder wurden dadurch auf ein Drittel gesenkt. Der oberste Gerichtshof der USA hat das zum Anlass für die Aufhebung der Trennung von Rassen und das Affirmative Action Programme genommen. Das heißt alles in allem, dass ein Staat, der nicht dazu in der Lage ist, genügend große Anteile des Bruttoinlandsprodukts über das Steuer- und Abgabensystem beziehungsweise über die Sozialsysteme geeignet umzuverteilen, keine Chance hat, die gesamte Bevölkerung auf internationalem Niveau auszubilden. Wenn dies aber nicht gelingt, dann sind die Menschen dieses Landes im internationalen Vergleich weniger wertschöpfend und werden deshalb in entsprechend schlecht besoldeten und zugleich nicht besonders werthaltigen Beschäftigungen (vor allem im personennahen Bereich) enden – womit automatisch dann auch klar ist, dass das Land in einer Pro-Kopf-Betrachtung ein armes Land sein muss (vergleiche Exkurs).

Die Schwierigkeit mit einer gut ausgebildeten Bevölkerung in einer Niederlassungsfreiheit garantierenden Demokratie ist für die Spitze der Pyramide, dass ihr Einkommen hier nicht beliebig weit über dem Durchschnittseinkommen liegen kann. Es können eben nur sehr wenige sehr weit den Durchschnitt übertreffen, wenn alle so gut ausgebildet werden, dass sie später mit ihrem Einkommen oberhalb der Hälfte des Durchschnitts plaziert sind – wie es nach der Mindest-Equity-Formel für Europa der Fall sein sollte, die ungefähr einem Zustand entspricht, bei dem die reichsten 20 Prozent der Bürger maximal 47 Prozent des Kuchens bei sich allokieren.

Anderes zeigt das Beispiel Brasilien: Es ist ein sehr schönes Land und hat viele Gesichter. Aber es ist auch ein armes Land in einer Pro-Kopf-Betrachtung und spürt noch seine alte Kolonialstruktur. Dort landen heute etwa 65 Prozent des Kuchens bei den reichsten 20 Prozent. In Brasilien erreicht das Bruttoinlandsprodukt pro Kopf nur etwa ein Achtel des deutschen Wertes. Fragt man aber danach, wie viele Personen dort in einer Million Menschen mehr als das 25fache des mittleren deutschen Bruttoinlandsprodukts verdienen – und das bedeutet im Lande mehr als das 200fache des mittleren brasilianischen Bruttoinlandsprodukts –, dann gibt es mit Bezug auf die zugrunde gelegten mathematischen Equity-Kurven in Brasilien mehr derart Reicher als bei uns. Hinzu kommt, dass hohe Einkommen für die Reichen dort in mancher Hinsicht viel attraktiver sind als das gleiche Geld bei uns, weil besonders personennahe Dienstleistung in Brasilien extrem billig, hier aber sehr teuer ist. Systemisch betrachtet muss aber ein Land arm sein, in dem zu viele Menschen „mit der Teetasse hinter anderen Menschen herlaufen", denn solches ist keineswegs besonders wertschöpfend. Wollen die Brasilianer arm bleiben, wollen die Eliten in Brasilien das? Warum führen sie diese Verhältnisse fort, die ungerecht sind und die gleichzeitig das Land arm halten?

Wir sollten diese Frage aber nicht zu eindringlich stellen. Das Problem für uns ist nämlich, dass der Globus als Ganzes in einem noch viel schlechteren Ausgleichszustand ist als Brasilien oder Afrika. Auf unserem Globus ist die Ungleichheit noch viel extremer, da haben die reichsten 20 Prozent sogar 85 Prozent vom Kuchen. Hier besteht die Ungleichheit primär zwischen Ländern und nicht innerhalb einzelner Länder. Alle Menschen in den OECD Staaten gehören zu den reichen 20 Prozent. Gegenüber dem Globus als Ganzes ist Brasilien eine Oase des sozialen Ausgleichs. Wir haben auf diesem Globus mit seiner Weltökonomie in Zeiten der Globalisierung einen Zustand, wie es ihn im Laufe der Geschichte in einzelnen Staaten wohl noch nie gegeben hat und wie er bei Reisefreiheit oder gar innerhalb von Demokratien lebenspraktisch unmöglich ist. Wir sitzen in dieser Welt hautnah beieinander, aber als reicher Teil geschickt durch Systeme undurchlässiger, nur selektiv genutzter Grenzen geschützt, übertragen die Bilder der betörenden Möglichkeiten per Television in die letzte Hütte, erzeugen Hoffnung und indirekten Druck, nutzen das aus bei Einkommensunterschieden, wie sie die ganze Menschheit nie kannte, um am billigsten Ort produzieren zu lassen – manchmal auch durch Kinderarbeit, was die WTO zulässt.

Als ich das vor ein paar Jahren in Zahlen sah, war mein Schluss, dass es Widerstand, Auflehnung und Terror geben wird, wie immer in der Menschheitsgeschichte, wenn die materiellen Ungleichheiten und die Wirkungsmechanismen der Macht als völlig ungerecht erlebt wurden. Terror hat viele Gesichter, aber oft ist er eine systemische Antwort auf einen Zustand, der nicht menschenwürdig und somit unerträglich ist. Das ist oft ein Zustand von der Art eines unfairen, aufgezwungenen Ultimatumspiels, wie es die empirische Ökonomie seit einigen Jahren untersucht – und völlig neue Einsichten darüber gewinnt, wie Menschen in Märkten agieren: ganz anders, als es die klassische ökonomische Theorie dem Homo Oeconomicus unterstellt. Wie im Ultimatumspiel, so ist es auch in der Weltökonomie. Wird sie in ihren Wirkungen als ungerecht empfunden, gibt es Hass und Ablehnung. Und das gilt besonders für Zustände, in denen Macht sich durch einen legalisierten, aber unfairen Mechanismus, wie freien Welthandel, perpetuiert (The winner takes it all).

Ob aber jemand etwas als unerträglich empfindet, zum Beispiel als Verlierer dieser Prozesse, entscheidet er für sich selber, auch wenn die Gewinner an der „Spitze der Pyramide" das alles nicht so schlimm oder sogar in Ordnung finden. Und je mehr die Gewinner sich einer ehrlichen Debatte entziehen, um so größer werden Hass und Wut. So ist es auch nach dem 11. September 2001. Die Gewinner beharren darauf, prinzipiell böse Kräfte wollten ihnen die Freiheit rauben. Auf der anderen Seite kämpfen Verlierer gegen den weltökonomischen Zugriff auf ihre Welt, die wir brutal in unserem Sinne verändern, wobei das zunächst völlig unabhängig von der Frage ist, ob unser kulturelles System oder ihres besser ist. Es geht hier um Empathie, mithin auch darum zu verstehen, was der andere denkt. So auch die Frage zu verstehen, warum in Reaktion auf ein einmaliges Ereignis, bei dem in der reichen Welt etwa 3.000 Menschen getötet wurden, in kürzester Zeit mehr als 100 Milliarden EUR pro Jahr allokiert werden können, während 24.000 Menschen, die jeden Tag verhungern, nicht einmal Millionen Dollar (neu) bewegen und auch sonst kein Thema sind. Der Turbokapitalismus erzeugt in der Summe Verhältnisse, die zunehmend unerträglich werden. Es sind drei Fronten, die es zu studieren gilt:

(1) In der brutalen Verteidigung der Interessen von Reich gegen Arm schließt er faire Regelungen bei Umweltzerstörung und Ressourcenbelastung aus (Beispiele: CO_2-Emissionen, Kyoto-Protokoll, Ölverbrauch, Krieg um Öl). Damit treibt er den Globus in eine Zukunft, die das Gegenteil von nachhaltig ist.

(2) Den Süden konfrontiert er mit abstoßender Ungleichheit. So müssen arme Massen von Menschen mit ansehen, wie oft bei

Deals zwischen ihren Eliten und Eliten im Norden die Ressourcen ihrer Länder verschleudert werden. Gegenüber dem Internationalen Währungsfonds IMF werden die armen Massen dann nicht selten noch als Schuldner missbraucht.

(3) Im Norden wirkt die Globalisierung im Moment so, dass sie den Rückbau aller Sozialsysteme, auch der Ausbildungssysteme, erzwingt. In der hier beschriebenen Logik wird dies unsere Länder ärmer machen, als sie sein könnten. Das trifft mittlerweile 80 Prozent der Menschen und auch den lokal operierenden Mittelstand. Die Bürger können deshalb das Wort „Reform" nicht mehr hören. Es geht um einen durch Globalisierung erzwungenen Rückbau, gegen den man sich ad hoc nicht wehren kann. Aber das will kein Politiker so deutlich sagen, müsste man dann doch konsequenterweise weltweit gegen den Marktfundamentalismus argumentieren und würde sich ein zweites Mal mit den herrschenden Kräften in den USA anlegen müssen.

Das alles sorgt für Zündstoff und steht im Zentrum einer politischen Debatte, die aber das offensichtlich nicht sagen will, dass der „neue Gott" Marktfundamentalismus die Welt und unsere gut entwickelten Länder kaputt macht, weil diese Logik die Globalisierung nicht richtig gestaltet. Man kann kurzfristig hier wenig dagegen tun, solange man die Weltordnung nicht ändern kann. Aber es ist doch frappierend, dass dieser Rückbauprozess als ein Fortschritt verkauft wird und dass sich die Regierungen, selbst sozialdemokratische Regierungen, zumindest in der öffentlichen Debatte nicht doppelstrategisch gegen diesen Unsinn wehren. Der Unsinn besteht darin, Bedingungen zu erzeugen, unter denen bei uns kaum noch Wachstum stattfindet, aber gerade dieses nicht stattfindende Wachstum dann als Argument dafür zu brauchen, warum ein weiterer Rückbau notwendig ist, statt endlich die Aufmerksamkeit auf eine zutiefst fehlgeleitete, marktfundamentalistisch inspirierte Form der Globalisierung zu lenken.

Sozialer Ausgleich, Wohlstand und Wachstum
Warum haben arme Länder im Prinzip
höhere Wachstumspotenziale als reiche?

Länder, die aufholen, haben ganz andere Möglichkeiten als Länder, die vorne sind, schnell zu wachsen. Die wichtigste Form ist das sogenannte „Leapfrogging", das heißt, die besten Lösungen zu kopieren, welche die reichen Länder schon entwickelt haben (Beispiele: Glasfaser- statt Kupfernetze für Telephonie sind billiger und besser, auch Mobilfunk). Dabei muss man nichts erfinden, sondern nur implementieren, das heißt im Kern investieren, investieren, investieren.

Es kommt entscheidend darauf an, Bedingungen zu schaffen, die es globalen Geldgebern leicht machen, in einem Land zu investieren. Das Beispiel China zeigt uns seit Jahren, wie das geht. Damit lassen sich unglaubliche Potenziale erschließen. Die beste Technologie rund um den Globus kommt schnell zum Einsatz. Verbunden mit einem solchen Prozess ist in den aufholenden Ländern, dass immer mehr Menschen in die formalisierte Ökonomie eintreten (Extension). In China sind das besonders die Bauern vom Lande, immer noch 800 Millionen Menschen Reserve, vor-orientiert nach derselben kulturellen Tradition, Logik, Sprache, also leicht integrierbar. De facto wird also die arbeitende Bevölkerung, vor allem die substanziell wertschöpfend arbeitende Bevölkerung ständig größer und Wachstum kommt dann von alleine. Gleiches in der Tendenz, wenn auch mit je spezifischen Konsequenzen kann man auch erreichen, indem man Gastarbeiter von außen holt oder indem man mehr Frauen in die formalisierte Ökonomie bringt. Über lange Zeit gibt es in ärmeren Ländern jedenfalls ein großes Extensionsprogramm, wenn es nur richtig organisiert wird, und das gilt auch für einen immer stärkeren Input von Boden, Biomasse, Wasser, Öl und so weiter in diesen Prozess, eine weitere Form der Extension. Länder, die aufholen, haben also viele Möglichkeiten ihr Wachstum zu forcieren, darum sind dort zehn Prozent Wachstum pro Jahr erreichbar. Allerdings nur, solange sie sehr arm sind. Auf Dauer kann man keine hohe Wachstumsrate durchhalten; es sei denn, das Wachstum ist extrem dematerialisiert, weil sonst die Verbräuche gegen Unendlich gehen würden.

Man sollte auch nie vergessen, dass im Moment ein Prozent Wachstum pro Jahr in Deutschland etwa dreimal soviel an absolutem Zuwachs pro Kopf bedeutet wie die zehn Prozent in China, weil wir jetzt in Deutschland durchschnittlich etwa 30mal so reich pro Kopf sind wie die Menschen in China. Das heißt aber, dass ärmere Länder die besten Bedingungen für hohe Wachstumsraten haben. Allerdings ist das dann eher ein Ausdruck ihrer Armut als etwas besonderes.

Wollen Länder aber ganz nach vorne, wie es Singapur, Taiwan, Korea getan haben oder versuchen, müssen sie irgendwann einen hohen sozialen Ausgleich erreichen, denn empirisch betrachtet hat es noch nie ein reiches Land ohne hohen sozialen Ausgleich gegeben. Sobald sie aber die Spitze erreicht haben, kommen sie in Konkurrenz mit anderen wohlentwickelten Ländern um Innovationen, das wichtigste Wachstumspotenzial reicher Länder. Innovationen sind aber teuer, und spätestens dann brechen die hohen Wachstumsraten ein. Dies war auch bei dem Aufholprozess der Deutschen und der Japaner nach dem Zweiten Weltkrieg gut zu beobachten. Ist man einmal in der Spitzenklasse, dann ist man in einer anderen Liga. Ist auf dem Weg vorher eine aufgeklärte Diktatur vielleicht keine schlechte oder sogar die erfolgversprechendere Lösung im Verhältnis zur Demokratie (vergleiche wiederum China), so kommt man ganz vorne in die Notwendigkeit, durch Innovationen Wachstum zu erzeugen. Man muss kreativ sein, muss neue Dinge ausprobieren, und das geht am ehesten in Demokratien und offenen Gesellschaften. Zusammen mit gut ausgebildeten Menschen, exzellenten Infrastrukturen und vernünftigem Regierungssystem ist das die Mischung, mit der man sich an der Spitze behauptet. Aber das ist alles aufwendig, alles teuer und ein bis zwei Prozent Wachstum sind hier schon eine ganze Menge.

In dem eingangs erwähnten TERRA-Text werden auch die begrenzten Wachstumsmöglichkeiten reicher Länder und die

Voraussetzung für ihre Realisierung genauer untersucht. Es wird gezeigt, dass besonders die unterschiedlichen Wachstumsmöglichkeiten zwischen einem technologiegetriebenen Sektor der Ökonomie und anderen, durch Technik nicht forcierbaren Teilen der Ökonomie, wie Kindererziehung und Betreuung Sterbender, eine wesentliche Rolle spielen. Wenn nicht durch ein „Pumpen" von Geld aus dem einen in den anderen Sektor ein balancierter Zuwachs erreicht wird, für den als Umverteilungshilfe staatliche Transfersysteme und Sozialsysteme wichtig sind, kommt es zu einer „Verklemmung" der Menschen, die sich nicht adäquat entlohnt und unfair behandelt sehen Menschen, die um ihre Jobs und ihre Zukunft bangen, geben weniger Geld aus. Der Wachstumsprozess stoppt. Das ist es, was heute viele reiche Länder mit sozialer Ausrichtung blockiert.

Was kann man dagegen tun? Es ist leider nicht so einfach, aus dieser Falle auszubrechen, denn da sind die übermächtigen Weltmarktverhältnisse. Zumindest kann man aber doppelstrategisch operieren, also wenigstens sagen, was falsch läuft, erklären, warum man unter Umständen das Falsche tut, doch das mit klaren politischen Überlegungen und Aktionen verbunden mit dem Ziel, auf Weltordnungsebene zu besseren Lösungen zu gelangen. Anders ausgedrückt: Die Wachstumsblockaden, die Probleme, die wir im Moment haben, sie sind nicht primär bestimmt dadurch, dass wir als Gesellschaft älter werden, auch nicht dadurch, dass wir zu wenig Kinder hätten – nein, das Bruttoinlandsprodukt pro Kopf wächst bei uns, und für die wenigen Kinder haben wir nicht einmal einen Ausbildungsplatz. Nein, sie sind primär dadurch begründet, dass wir insgesamt unbalancierte Verteilungsmuster haben, die uns ihrerseits über Globalisierung aufgezwungen werden. Diese neuen Verteilungsmuster bedeuten, dass die Situation für 80 Prozent der Menschen schlechter wird. Auf diesem Weg befinden wir uns zur Zeit auch in Deutschland. Und dieser Weg wird zu Gunsten der „Spitze der Pyramide" über institutionelle – auch rechtliche – Bedingungen abgesichert. Dabei wird immer vorgegeben, das würde uns alle reicher machen. Im Wirklichkeit geht es aber eher um ein weniger großes Bruttosozialprodukt bei stärkerer Ungleichheit der Verteilung.

Europa als Beispiel für einen besseren Weg: ein Global Marshall Plan als Programm

Gibt es eine Alternative zum Marktfundamentalismus mit seiner Ikone freier Markt? Ja! Es ist die Ökosoziale Marktwirtschaft europäischer Prägung. Das ist ein ordo-liberales System, das auf Märkte mit Rahmenbedingungen baut, das die Umwelt schützt, einen angemessenen sozialen Ausgleich herbeiführt, Frieden zwischen den Kulturen erhält und unter diesen Voraussetzungen ein mit Nachhaltigkeit konformes Wachstum maximiert. Der Erfolg dieses Ansatzes zeigt sich in allen EU-Erweiterungsprozessen. Co-Finanzierung gegen die Angleichung von Standards ist dabei das Erfolgsrezept, wobei die Standards, der sogenannte Acquis Communautaire, heute etwa 20.000 Seiten europäisches Recht umfassend und der Haushalt der Union etwa ein Prozent des EU-Bruttoinlandsprodukts ausmacht, die besonders wichtigen Strukturfonds etwa 0,27 Prozent. Mit der Initiative für einen Global Marshall Plan [8, 9], die bis 2015 die Durchsetzung der Millenniumsziele der Vereinten Nationen und auf Dauer die Etablierung einer weltweiten Ökosozialen Marktwirtschaft anstrebt, liegt ein ausgearbeitetes Konzept für diesen Weg vor. Führende Akteure aus Politik, Wirtschaft und Weltzivilgesellschaft unterstützen das Vorhaben. Nach meinen Berechnungen (Zukunftsformel 10~4:34) [2, 7] kann in 50–100 Jahren ein mit Nachhaltigkeit kompatibles Weltwirtschaftswunder in Form einer Verzehnfachung des Weltbruttosozialprodukts bewirkt und ein Ausgleich nach dem Muster Europas auf diesem Globus erreicht werden, wobei der „Norden" seinen Wohlstand vervierfacht, der „Süden" vervierunddreißigfacht. Das ist ein Win-Win-Szenario. Nicht nur die Umwelt wird geschützt, alle werden reicher. Aber weil der Süden schneller reicher wird, als die Reichen reicher werden, nimmt der soziale Ausgleich zu. Die Welt wird friedlicher, übrigens auch langsamer (Wiederentdeckung der Langsamkeit – ein Segen!).

Das Problem ist nur, dass das nicht alle wollen. Die „Spitze der Pyramide" mag es oft nicht, wenn sie zwar reicher wird, die Armen aber noch schneller reicher werden, weil dann die Spitze relativ ärmer wird. Das ist des Pudels Kern. Second Thoughts, Aufklärung, Kommunikation, Vernetzung, das ist die Chance, auf die wir setzen müssen. Eine große Hoffnung bilden in diesem Kontext auch die informationstechnischen Vernetzungsmöglichkeiten der Weltzivil-gesellschaft, die immer effizienter genutzt werden. Wenn es hierbei im Ringen um eine bessere Weltordnung auch nur gelingt, mit einem Schneeballsystem pro Jahr immer wieder eine weitere Person zu gewinnen, die für eine neue Weltordnung eintritt und zugleich pro Jahr immer wieder eine weitere Person dazugewinnt und so weiter, werden in dreiunddreißig Jahren alle Menschen erreicht, da 2^{33} gleich acht Milliarden ist. – Und die Überzeugung einer Person pro Kopf und Jahr, das sollte doch bei einem so wich-tigen Thema zu schaffen sein. Fassen wir den Stier bei den Hörnern!

Literatur

1. J. Riegler: Antworten auf die Zukunft - Ökosoziale Marktwirtschaft. Holzhausen. Wien (1990)

2. F. J. Radermacher: Balance oder Zerstörung - Ökosoziale Marktwirtschaft als Schlüssel zu einer weltweiten nachhaltigen Entwicklung. Ökosoziales Forum Europa. Wien (2002)

3. R. Pestel, F. J. Radermacher: Equity, Wealth and Growth: Why Market Fundamentalism makes Countries poor. Manuskript zum EU-Projekt TERRA 2000. www-faw-uni.ulm.de/publikationen

4. F. J. Radermacher: Perspektiven für den Globus - welche Zukunft liegt vor uns?. zfv - Zeitschrift für Geodäsie, Geodateninformation und Landmanagement 129/3 und 4 (2004) 149-159 und 242-248
   J. Koch: Megaphilosophie - Das Freiheitsversprechen der Ökonomie. Steidl. Göttingen (2003)

5. W. van Dieren: Mit der Natur rechnen - Der neue Club-of-Rome-Bericht. Birkhäuser (1995)

6. J. Rawls: A Theory of Justice. Oxford University Press. London (1978)

7. T. Kämpke, R. Pestel, F. J. Radermacher: „A computational concept fot normative equity". European Journal of Law and Economics 2/15 (2003), 129-163

8. U. Möller, F.J. Radermacher, J. Riegler, S. R. Soekadar, P. Spiegel: Global Marshall Plan - Mit einem Planetary Contract für eine Ökosoziale Marktwirtschaft. Weltweit Frieden, Freiheit und nachhaltige Wohlstand ermöglichen. Horizonte. Stuttgart (2004)

9. F. J. Radermacher: Global Marshall Plan / A Planetary Contract for a worldwide Eco-Social Market Economy. Global Marshall Plan Foundation (2004)

Prof. Dr. Günther Hödl

- 1941 geboren in Stockerau, verheiratet, zwei Kinder
- ordentlicher Professor an der Universität Klagenfurt für Geschichte des Mittelalters und Historische Hilfswissenschaften am Institut für Geschichte
- 1979 bis 1983 und 1987 bis 1989 Rektor der Universität Klagenfurt
- seit Oktober 2003 Rektor der Universität Klagenfurt
- 1987 bis 2003 Leiter des Universitätskulturzentrums UNIKUM
- 1992 bis 1999 Vorsitzender des Kärntner Kulturgremiums
- Herausgeber der Österreichischen Historischen Bibliographie (ÖHB) und der Schriftenreihe der Akademie Friesach
- 1991, 1997 und 2001 Wissenschaftlicher Leiter der Kärntner Landesausstellungen
- seit 2003 Präsident des Instituts für Geschichte der Juden in Österreich (St. Pölten)

Schlusswort

Prof. Günther Hödl

Es freut und ehrt mich und die Alpen-Adria-Universität Klagenfurt sehr, hier und heute bei dieser so erfreulich zukunftsorientierten Veranstaltung einige abschließende Worte an Sie richten zu dürfen. Es steht einer noch sehr jungen – die Universität Klagenfurt geht im nächsten Jahr in ihr 70. Semester – und stets dynamischen und innovationsbereiten „Hohen Schule" mehr als gut an, sich mit auf den Weg zu machen für eine künftige Weltgestaltung, die allen einseitigen und einförmigen Doktrinen in Politik, Wirtschaft, Gesellschaft und Kultur auf der Grundlage sowohl dynamischer als auch demokratischer Prozesse und in neuer Kooperationskultur getroffener Entscheidungen ein globales Gegenmodell vorschlägt. Dieses Modell ist in seinem Kern von der Kategorie der Nachhaltigkeit gebildet und fordert in seiner Umsetzung von seinen Akteuren die Implementierung nachhaltiger Entwicklung in allen Lebensbereichen. Es sollte in die Bewusstseinsbildung von uns allen so eindringen, dass wir es tatsächlich für möglich halten, die Entwicklung der Welt in die richtige Richtung der Nachhaltigkeit beeinflussen zu können. Und da ist neben anderem die eben publizierte, aus dem österreichischen politischen Bereich erwachsene und vom Rat für Forschung und Technologieentwicklung zustimmend zur Kenntnis genommene Rahmenstrategie 2004 plus FORNE (Forschung für nachhaltige Entwicklung) ein sehr erfreulicher Schritt. Er nimmt Maß an der 1987 von Gro Harlem Brundtland getroffenen und seither stets weiterentwickelten Festlegung, dass nachhaltige Entwicklung eine Entwicklung sei, die den Bedürfnissen der heutigen Generationen entspricht, ohne die Möglichkeiten künftiger Generationen zu gefährden, ihre eigenen Bedürfnisse zu befriedigen und ihren Lebensstil zu wählen. Tatsächlich wird dadurch gegenwärtig Nachhaltigkeit als Triebfeder für eine zukunftsorientierte Entwicklung und als Innovationsfaktor in allen gesellschaftlich relevanten

Bereichen gesehen. Neben der Umwelt haben auch die Wirtschaft und der Bereich des Sozialen und der Kultur darin stark an Bedeutung gewonnen. Zunehmend erkennt die Wirtschaft Nachhaltigkeit als Chance für Innovationen, gleichzeitig ergaben sich Chancen für neue demokratiepolitische Entwicklungen, oftmals überschrieben mit dem Schlagwort vom globalen Miteinander.

Ich kann als Professor für Allgemeine Geschichte des Mittelalters an dieser Stelle auch nicht umhin, in diesem Schlusswort einen historischen Aspekt einzufügen. Sinngemäß wurde der Begriff der Nachhaltigkeit schon in der ersten Hälfte des 12. Jahrhunderts diskutiert als man weithin in ganz Europa um den Waldbestand zu fürchten begann und Anordnungen auftauchten, den Wald zu schonen, weil auch die Nachkommen dereinst des Holzes bedürftig sein würden. Und da können wir Historiker ein bisschen belehrend wie folgt konstatieren: Nutzung und Gestaltung, viel mehr noch Aneignung und Ausbeutung kennzeichnen die Beziehungen des Menschen zur natürlichen Umwelt, seit er gelernt hat, durch kulturelle Leistungen zusätzliche Ressourcen zu erschließen. Die damit verbundenen Handlungen und ihre Folgen in der Vergangenheit sind Thema der Umweltgeschichte, welche die Wechselwirkungen zwischen Mensch und Natur in der Geschichte untersucht. Umweltgeschichte vermittelt dabei grundlegende Einsichten in die Langzeitwirkungen menschlicher Handlungen. Sie macht anschaulich, welche Folgen umweltrelevante Entscheidungen über Generationen oder Jahrhunderte hinweg haben können. Die Ergebnisse umweltgeschichtlicher Forschungen kann man so auch gleichsam als Ergebnisse von „Langzeitversuchen" auffassen. Aus ihnen kann man einiges lernen, um Nachhaltigkeit als künftige zentrale Kulturaufgabe bewältigen zu können. Diese Aufgabe für die Nachkommenden zufriedenstellend zu lösen, ist eine große Herausforderung, nicht zuletzt an die Wissenschaft. Sie bedarf des umfassenden Miteinander und damit einer neuen Kooperationskultur in einem weltweiten Netzwerk aus staatlichen wie nichtstaatlichen Akteuren. Zur Verbesserung der Rahmenbedingungen, die für eine solche globale Kooperationskultur erforderlich sind, müssen nicht zuletzt die Universitäten weltweit ihre Beiträge leisten, zumal sie sich schon in der Charta von Bologna 1988 gemeinsam verpflichtet haben, durch die Erfüllung ihrer Aufgaben einen Beitrag zur gedeihlichen Weiterentwicklung der Gesellschaft zu leisten. Ich werde als Rektor der Universität Klagenfurt, nicht zuletzt im Zusammenwirken mit dem Universitäts.Club alles daran setzen, dass das gewünschte globale Miteinander durch wissenschaftliche Forschung (beispielsweise auch auf dem Gebiet der Umweltgeschichte) und Studien sowie mit Lösungsvorschlägen für die Implementierung von Nachhaltigkeit gefördert wird. Bei unseren Lehrenden wie Lernenden ist das Bewusstsein für eine globale nachhaltige Entwicklung zu stärken, sie werden in die diesen Vorgang begleitenden Prozesse mit Hilfe von Bildung durch Wissenschaft einzuführen sein. Wir werden uns daher bemühen, das von Herrn Radermacher vorgeschlagene „Nachhaltigkeitsinstitut" an unserer Universität zu verwirklichen. Dabei werden zunächst die im „Friulanischen Manifest" benannten wesentlichen Problembereiche heutiger Wirtschaft und Gesellschaft und die dort erarbeiteten Interventionsvorschläge sowie die darin im Zusammenhang mit den Prinzipien der Ökosozialen Marktwirtschaft und den Entwicklungsschritten des Global Marshall Plans eröffneten Zukunftschancen im Vordergrund stehen.

Ich darf mich an dieser Stelle herzlichst beim Universitäts.Club Klagenfurt bedanken, nicht nur für die gute Zusammenarbeit mit der Universität selbst, sondern auch dafür, dass der Universitäts.Club diese wichtige Konferenz gemeinsam mit dem Ökosozialen Forum zustande gebracht hat. Die Alpen-Adria-Universität Klagenfurt wird die Chance der ihr durch den Universitäts.Club gebotenen Mitwirkung am Projekt eines Global Marshall Plans und für die Implementierung einer weltweiten Ökosozialen Marktwirtschaft im Interesse einer nachhaltigen Entwicklung des Wohlergehens aller Menschen in Zukunft mit vereinten Kräften in Forschung und Lehre nutzen. Wir hoffen, damit unseren Beitrag für das einer globalen nachhaltigen Entwicklung förderliche

Bewusstsein zu leisten und die dafür notwendige wirkungsmächtige Nachdenklichkeit in unserer *Universitas magistrorum et scholarium* zu stärken.

In diesem Sinne erlaube ich mir, Ihnen allen jetzt und für die Zukunft Wohlergehen zu wünschen. Nehmen Sie bitte eine möglichst nachhaltige Impression von den Argumenten und Ergebnissen dieser Konferenz mit in Ihren Wirkungsbereich.

Die Global Marshall Plan Initiative

Erstveröffentlichung Juli 2004 als Taschenbuch unter folgendem Titel :

Uwe Möller, Franz Josef Radermacher, Josef Riegler, Surjo R. Soekadar und Peter Spiegel: Global Marshall Plan. Mit einem Planetary Contract für eine Ökosoziale Marktwirtschaft weltweit Frieden, Freiheit und Wohlstand ermöglichen

Ein Projekt der Hoffnung –
Die Entstehung der Global Marshall Plan Initiative

Das fortgesetzte Elend in den ärmsten Ländern der Welt, die anhaltende Verschwendung natürlicher Ressourcen, die zuneh-mende Militarisierung der Abwehr des internationalen Terrorismus und die damit verbundenen Einschränkungen bürgerlicher Frei-heitsrechte führen mehr und mehr Menschen zu der Einsicht, dass die derzeitigen globalen Rahmenbedingungen nicht zu dauerhafter Friedensfähigkeit und Nachhaltigkeit führen. Die Zeit ist reif für einen Global Marshall Plan um diese unheilvolle Entwicklung wirkungsvoll zu verändern.

Dies war die Überzeugung, die am 16. Mai 2003 in Frankfurt/M. gut ein Dutzend Repräsentanten von bekannten Nichtregierungs-organisationen wie dem Club of Rome, dem Club of Budapest, der Stiftung Weltethos, der Stiftung Weltvertrag, von Unternehmens-Grün, Attac, BUND, Ökosoziales Forum Europa und anderen zusammenführte. Sie beschlossen eine gemeinsame Initiative für einen Global Marshall Plan im Sinne eines Planetary Contract auf den Weg zu bringen, die in ihrem Kern auf die Etablierung einer glo-balen Ökosozialen Marktwirtschaft abhebt, wie sie zum Beispiel durch Josef Riegler und Franz Josef Radermacher seit vielen Jahren thematisiert wird. Der Stiftung Weltvertrag wurde das Mandat für die organisatorische Koordination der Initiative gegeben.

Die vielleicht wichtigste Überlegung der „ersten Stunde" war, diese Initiative so offen und integrativ wie möglich zu entwickeln. Vor allem gilt es, die Wirtschaft für diese Initiative zu gewinnen, denn ohne ihr aktives Mittun kann diese aus Sicht der Beteiligten unverzichtbare Orientierung hin zu einer weltweiten Ökosozialen Marktwirtschaft nicht gelingen.

Im Sommer 2003 wurde die so genannte „Stuttgarter Erklärung" zur Global Marshall Plan Initiative erarbeitet. Diese konnte auf vielen Ideen und Vorschlägen für einen solchen Global Marshall Plan aufbauen, wie sie aus der Literatur und verschiedenen Initiativen bekannt sind. Die „Stuttgarter Erklärung" wurde an gut 100 prominente „vordenkende" Persönlichkeiten versandt mit der Bitte, diese zu unterstützen. Ziel dieses ersten Schrittes war es, einen möglichst repräsentativen Unterstützerkreis aus allen Bereichen der Gesellschaft und aus allen Teilen der Welt zu gewinnen. Fast alle der Angeschriebenen antworteten mit großem Enthusiasmus und bekräftigten ihre Unterstützung.

Im Rahmen einer Pressekonferenz am 11. Oktober 2003 in Stuttgart stellten Franz Alt, Almaz Böhm, Marika Kilius, Ervin Laszlo, Sabine Leidig, Ernst Ulrich von Weizsäcker und Georg Winter die Global Marshall Plan Initiative erstmals der Öffentlichkeit vor. Am Abend desselben Tages nahmen alle Preisträger und Laudatoren bei der Verleihung des Club of Budapest Awards 2003 noch einmal die Gelegenheit wahr, ihrer Unterstützung dieser Initiative Nachdruck zu verleihen. So erinnerte beispielsweise Hans-Dietrich Genscher daran, dass der legendäre Marshall Plan nach dem zweiten Weltkrieg ebenfalls in Stuttgart verkündet wurde. Er meinte, künftige Generationen würden sich an diesen historischen Tag mit Stolz erinnern, an dem nun die Global Marshall Plan Initiative wiederum in Stuttgart der Öffentlichkeit vorgestellt wurde. Er schloss seine Rede mit den Worten: „Möge es uns allen gelingen, ... mit dem, was die Stuttgarter Erklärung will, ein ganzes Meer von Solidarität in der ganzen Welt zu schaffen. Für eine menschenwürdige Welt, in der nicht mehr die Zahl der gewonnenen Schlachten zählt, sondern in der alle Regionen dieser Welt die neue Ordnung als eine gerechte erkennen können, in der ihre Würde genauso geachtet wird wie die der anderen, wo es nicht das Recht des Stärkeren, aber die Pflicht zur Solidarität gibt."

Gleichzeitig bereiteten die Universität Stuttgart, die Breuninger Stiftung und der Club of Budapest eine Vorlesungsreihe vor, die im Rahmen einer Fellowship-Professur von Ervin Laszlo im Wintersemester 2003/4 dazu beitragen sollte, die Inhalte der Global Marshall Plan Initiative zu präzisieren. Zu den Referenten zählten neben den Systemwissenschaftlern Ervin Laszlo und Fritz-Albert Popp der Friedensnobelpreisträger Adolfo Perez Esquivel, der ehemalige Weltbank-Direktor und Gründer von Transparency International Peter Eigen und weitere Mitträger der Global Marshall Plan Initiative wie Franz Josef Radermacher, Peter Spiegel, Lutz Wicke und Georg Winter.

Gleich im ersten Vortrag legte Franz Josef Radermacher ein bemerkenswertes Konzept für einen Global Marshall Plan vor. Dieses ist inzwischen von Franz Josef Radermacher in enger Wechselwirkung mit allen Autoren dieses Textes und vielen weiteren Mitbeteiligten zu einem ersten umfassenderen Bericht an die Global Marshall Plan Initiative weiterentwickelt worden. Dieses Konzept, das nun als erster Bericht an die Global Marshall Plan Initiative erscheint („Global Marshall Plan − Ein Planetary Contract für weltweite Ökosoziale Marktwirtschaft"), entwickelt und vertieft die Kernlogik des vorliegenden Textes (institutionelles Design, Finanzierungsinstrumente und -volumen sowie Umsetzungsmethodik) in wesentlichen Fragen, die in dem vorliegenden Text nur kurz angesprochen werden können.

Ermutigt von diesen Erfolgen organisierte die Global Marshall Plan Initiative zwischen November 2003 und Mai 2004 zahlreiche Konferenzen. Initiativkreise in mehreren EU-Mitgliedsländern entstanden, um möglichst rasch das zentrale Zwischenziel der Initiative, d.h. die Einrichtung eines Beratungsgremiums der Europäischen Union, erreichen zu können. Hierbei hat sich das Ökosoziale Forum Europa besonders engagiert. Immer mehr Mitglieder des EU-Parlaments sowie nationaler Parlamente stellen sich mittlerweile hinter die Initiative. Quer durch alle Parteien gewinnt die Global Marshall Plan Initiative das Vertrauen, dass mit ihrem Konzept tatsächlich eine neue ordnungspolitische Ausrichtung möglich wird, bei welcher sowohl der Norden als auch der Süden stark gewinnen und zugleich die natürlichen Ressourcen geschützt werden.

Innerhalb weniger Wochen wurde die Global Marshall Plan Initiative u.a. im November 2003 beim Umweltforum von DaimlerChrysler in Magdeburg präsentiert, wobei Prinz El Hassan von Jordanien als Präsident des Club of Rome und der UNEP-Generalsekretär Klaus Töpfer den Ruf nach einem Global Marshall Plan nachdrücklich unterstützten, im Dezember in Genf beim UN-Weltgipfel zur Informationsgesellschaft, im Januar 2004 in Mumbai beim Weltsozialforum, im Februar beim Earth Dialogue in Barcelona, im Mai beim Weltbankforum in München und im Juni bei der Internationalen Konferenz für Erneuerbare Energien in Bonn sowie vielen weiteren Konferenzen, wie beispielsweise die dieses Konferenzbandes. Sehr bald schlossen sich auch wichtige Verbände aus Zivilgesellschaft und Wirtschaft der Initiative an, zum Beispiel der Verband entwicklungspolitischer Nichtregierungs-organisationen VENRO, CONGO, gemeinsam für Afrika, der Umweltdachverband Österreichs, die ersten Sektionen von Friends of the Earth, der Studentenverband AIESEC Deutschland, der Bundesverband für Wirtschaftsförderung und Außenwirtschaft (BWA) und die Wirtschaftsjunioren Deutschland. Im September 2004 wurde bereits deren internationaler Dachverband, Junior Chamber International (JCI) offizieller Unterstützer. Als erste Universität unterstützte im Oktober die Alpen-Adria Universität Klagenfurt die Initiative. Mitte November 2004 auf einer Veranstaltung der Evangelische Akademie Tutzing, selbst Unterstützerin, erklärten auch Frank Bsirske, Vorsitzender von ver.di und Dr. Heiner Flassbeck, Chefökonom von UNCTAD, ihre Unterstützung.

Auch auf internationaler Ebene findet die Initiative sehr positive Resonanz. Im Juni 2004 wurde das Konzept beim Parlament der Weltkulturen in Ankara präsentiert. Das Parliament of the World's

Religions nahm die Unterstützung der Initiative auf die Agenda ihrer Tagung im Juli 2004. Auch Global Compact, der von Kofi Annan initiierte Unternehmensverband für Nachhaltigkeit, äußerte großes Wohlwollen.

Wenn die Initiative ihr erstes Zwischenziel der Bildung eines Beratungsgremiums bei der Europäischen Union zur weiteren Ausarbeitung eines Global Marshall Plans hoffentlich bald erreicht haben wird, ist damit ihre Aufgabe noch lange nicht beendet. Sie will dafür Sorge tragen, dass ein solcher Global Marshall Plan keine einseitige Ausgestaltung erfährt, sondern dass sich alle Akteure und Teile der Weltgesellschaft – insbesondere die ökonomisch und politisch schwächeren – darin konstruktiv wiederfinden. Sie will erreichen, dass ein solcher Plan die größtmögliche Unterstützung der Weltöffentlichkeit findet und dass er in seiner Substanz, Qualität, Umsetzung und Reichweite kontinuierlich fortentwickelt wird. Die Vision einer balancierten Entwicklung der Weltgesellschaft ist die zentrale Herausforderung dieses Jahrhunderts. Die Initiatoren formulierten daher als Schlussaussage ihrer „Stuttgarter Erklärung" ganz bewusst: „Wir sind daher entschlossen, diese Initiative so lange voranzubringen, bis sie zum gewünschten Erfolg geführt hat." Was die Initiatoren hoffnungsvoll stimmt, ist die große Resonanz, die diese Initiative gefunden hat. Das zeigt die Fülle der Persönlichkeiten und Institutionen, die sich inzwischen für den Global Marshall Plan engagieren und die zum Zustandekommen dieser weltweiten Bewegung mit Ideen und Anregungen beigetragen haben.

Vision und Agenda
Ein Global Marshall Plan [1] für eine weltweite Ökosoziale Marktwirtschaft

Die Initiatoren und Mittträger der Global Marshall Plan Initiative wollen zeigen, dass die Finanzierung und Erreichung der Millennium Development Goals [2] möglich ist, wenn sich zum Beispiel Europa an die Spitze einer weltweiten Bewegung für einen Global Marshall Plan im Sinne eines Planetary Contract stellt und ein Forum für dessen Ausarbeitung unter Einbeziehung der Zivilgesellschaft, Wirtschaft und Politik sowohl des Südens als auch des Nordens bietet. Sie möchten dabei die bisher in aller Welt geleisteten Vorarbeiten aufgreifen.

Die Autoren und Unterstützer dieses Papiers möchten auf die historische und vielleicht einmalige Chance hinweisen, auf der Basis dieser Vorarbeiten einen konkreten ökosozialen Global Marshall Plan zu entwickeln und umzusetzen.

Was wollen die Millennium Development Goals und warum bedarf es zu ihrer Realisierung der Global Marshall Plan Initiative?

Die Weltgemeinschaft der Nationen hat sich zu Beginn des Jahrtausends beim UN Millennium Summit in Form der Millennium Development Goals einstimmig auf die Umsetzung realistischer Ziele geeinigt. Sie hat sich darüber hinaus verpflichtet, alle notwendigen Anstrengungen zu unternehmen, um beispielsweise bis 2015 die weltweite Armut zu halbieren und eine Grundschulbildung für alle Kinder zu ermöglichen. Jedoch sind die Maßnahmen zur Finanzierung und als Folge davon die Umsetzung der Millennium Development Goals bisher sehr entmutigend [3].

Angesichts der offensichtlich unzureichenden Rahmenbedingungen, unter denen Globalisierung derzeit stattfindet, und angesichts des fortschreitenden Elends und der zunehmenden Militarisierung der Abwehr des internationalen Terrorismus sollte es sich lohnen, die Motive und Resultate des Millennium Summit ernst zu nehmen und nach Wegen zu deren realpolitischen Umsetzung zu suchen.

Das Ende des Ost-West-Konflikts und das dadurch geförderte Primat der Wirtschaft, welches beispielsweise zur Grundlage des so genannten Washington Consensus [4] wurde, stellt die wichtigste Zäsur globaler Ordnungspolitik der letzten Jahre dar. Die wesentlichsten Elemente des Washington Consensus sind Staatsabbau durch Privatisierung von Staatsbetrieben und die Beseitigung staatlicher Regulierungen und sonstiger Eingriffe in die Wirtschaft [5]. Entgegen aller Voraussagen konnte die vom Washington Consensus geprägte Politik internationaler Organisationen, wie IMF und Weltbank, die Abnahme des Weltwirtschaftswachstums von 3,6 Prozent in den 60er Jahren auf unter 1 Prozent in den letzten zehn Jahren [6] nicht verhindern. Die Schwäche der Staaten bei gleichzeitigem Demokratie-Defizit auf globaler Ebene und einer noch ungenügend entwickelten globalen Zivilgesellschaft führten zu einem sehr unbalancierten Rahmen für alle globalen Prozesse.

Was ist die Ausgangslage?

In keinem Jahrhundert zuvor erfuhr der materielle Wohlstand der Menschheit einen größeren Zuwachs als im vergangenen. Im Durchschnitt hat sich der materielle Wohlstand, so Schätzungen, verzehnfacht und dies trotz der gleichzeitigen Vervierfachung der Weltbevölkerung. Dennoch müssen zur Zeit über zwei Milliarden Menschen von weniger als 2 Dollar pro Tag leben. Über 26.000 Menschen sterben täglich an Unterversorgung und den dadurch verursachten Krankheiten. Der zunehmende Raubbau an der Natur, die Verschwendung begrenzter Ressourcen und die mit der Umweltverschmutzung verbundenen zu erwartenden katastrophalen Auswirkungen auf das Weltklima werden die Menschheit innerhalb der nächsten 30 Jahre vor ihre größte Herausforderung stellen.

Neben der Übernahme nicht-nachhaltiger Konsummuster durch sich industrialisierende Länder zählen Armut und Bevölkerungswachstum zu den Schlüsselproblemen. Viele Hundertmillionen Menschen sind von den möglichen positiven Effekten der sich vollziehenden Globalisierung ausgeschlossen, so dass sich die Einkommensschere zwischen den reichsten Industrienationen und den ärmsten Entwicklungsländern noch einmal erweitert hat. Das bedrohliche Bevölkerungswachstum und die Ausbreitung von AIDS in den ärmsten Regionen der Welt nimmt weiter an Geschwindigkeit zu. Jede Anstrengung zur Überwindung dieser nicht-nachhaltigen Entwicklung wird sich in Zukunft um ein Vielfaches erschweren oder eine Überwindung wird gar unmöglich, wenn es nicht sehr bald zu einer substantiellen Trendwende kommt.

Dieser Rahmen muss nun konstruktiv zum Wohle aller Menschen – vor allem derjenigen in den ärmsten Ländern der Welt – von Politik, Wirtschaft und Zivilgesellschaft entscheidend verbessert werden. Eine Gesellschaft, die nicht mehr von der Vision einer gerechten Welt bewegt wird, sondern nur noch vom Management kurzsichtiger Interessen, verspielt ihre Zukunftsfähigkeit. Eine nachhaltige Welt, frei von Armut, ist sehr viel lebenswerter, reicher und sicherer für jeden – lebenswerter im materiellen Sinn und weit darüber hinaus.

Logik und Perspektive für ein ökosoziales Weltwirtschaftswunder

Es gilt die Grundrisse und Perspektiven eines neuartigen umfassenden globalen Planes aufzuzeigen, der – von zeitnahen Verbesserungen globaler Rahmenbedingungen für Entwicklung flankiert – den wichtigsten substanziellen Beitrag für eine Entwicklung hin zu einer weltweiten Ökosozialen Marktwirtschaft [7] leisten kann. Im Sinne einer Welt-Innenpolitik [8] soll er als Grundlage einer neuen Ära der globalen Kooperation dienen und an die Idee eines Planetary Contract [9] anknüpfen, der starkes weltweites Wirtschaftswachstum mit Umweltschutz, Armutsbekämpfung und der Etablierung demokratischer Gesellschaftsordnungen verbindet.

Die Initiatoren und Mitträger dieses Papiers sehen in einem solchen ökosozialen Global Marshall Plan eine realistische Perspektive

- zur Überwindung der entwürdigenden Armut der Hälfte der Menschheit, die längst als Hauptursache der existenziellen Weltprobleme erkannt wurde,

- zur erfolgreichen globalen Etablierung ökologischer und sozialer Standards für eine nachhaltige Entwicklung,

- zur Überwindung der tiefen kulturellen Frustration und Demütigung eines Großteils der Menschheit und damit zur Beseitigung eines explosiven Umfeldes, das internationalen Terrorismus hervorbringt und die globale Sicherheit gefährdet

- und für ein neues Weltwirtschaftswunder, das die bisher fast völlig brach liegenden Human-Potenziale von mehr als drei Milliarden Menschen gezielt fördert, woraus letztlich die gesamte Menschheit immensen Nutzen ziehen wird.

Mehr noch: Ein Global Marshall Plan – zu einer umweltverträglichen Überwindung der extremen Wohlstandskluft in der Welt würde auch für zahlreiche andere Probleme, die aus einer unbalancierten Globalisierung erwachsen sind, neue attraktive Perspektiven eröffnen. Dazu drei Beispiele:

- Der immer spürbarer werdende Lohndruck in immer mehr Wirtschaftssektoren der traditionellen Industrieländer kann in einer globalisierten Weltgesellschaft mittelfristig nur auf einem Weg wieder gemildert werden: Der Wohlstand und damit auch die Löhne müssen in den sich entwickelnden Ländern steigen. Dies erleichtert auch die Sicherung der Arbeitsplätze in den Industrieländern durch erhöhte Nachfrage auf den Weltmärkten und durch eine geringer werdende Lohnkluft.

- Armut ist, wie Klaus Töpfer, Generalsekretär der UN-Umweltorganisation UNEP, richtig feststellte, eine der Ursachen für Umweltzerstörungen in den ärmeren Ländern. Denn wer um das tägliche Überleben kämpft, wird nur schwer für Umweltschutz zu gewinnen sein. Dies gilt vor allem für Länder, in denen der Schutz der Umwelt zu Lasten der wenigen vorhandenen Marktchancen erfolgen soll. In weiten Bereichen der Welt ist die Umsetzung ökologischer Ziele daher nur realistisch, wenn diese unmittelbar mit der aktiven Förderung sozialer und ökonomischer Entwicklung verknüpft ist.

- Das Leitbild einer offenen, friedlichen, demokratischen, rechtsstaatlichen und gebildeten Bürgergesellschaft gilt vielen als der beste Garant für eine gute und dynamische Zukunftsperspektive aller Gemeinwesen, erst recht in einer hochkomplexen Weltgesellschaft. Ein solches Leitbild und eine solche Entwicklung können am besten durch einen ökosozialen Global Marshall Plan vorangebracht werden, der im Sinne eines Planetary Contract konzipiert ist.

Im Zentrum der Logik eines solchen Planes steht folgender Grundsatz: Investitionen, abgestimmte Marktöffnungen und Co-Finanzierungen in vielen Bereichen werden im Gegenzug für die Angleichung sozialer, ökologischer und demokratischer Standards, auf die sich die Weltgemeinsaft bereits geeinigt hat, geleistet. Auf diese Weise entsteht – angelehnt an die erfolgreichen EU-Erweiterungsprozesse – eine Form der gezielten globalen Armutsüberwindung, die sehr starke neue Wirtschaftsimpulse für die betreffenden Regionen wie die gesamte Weltwirtschaft freisetzt. Durch die Koppelung des neuen Wachstums mit klaren ökologischen Standards wird gleichzeitig eine starke Ökologisierung des Wirtschaftens gefördert. Von den neuen ökonomischen, ökologischen und sozialen Perspektiven würde ein starker Impuls zur inneren Befriedung der Weltgesellschaft ausgehen. Dies wiederum stellt eine wichtige Voraussetzung für ein ebenso anhaltendes wie nachhaltiges Gedeihen der Wirtschaft dar. Unter solchen Vorzeichen können nationale Regierungen ihre eigenen Ressourcen ungleich besser mobilisieren. Die positiven Effekte und das überdurchschnittliche Wirtschaftswachstum der am Global Marshall Plan beteiligten Länder wird gleichzeitig einen starken Sog auf diejenigen Regierungen verstärken, die sich einer ökosozialen Entwicklung bisher verschlossen haben und den Druck auf sie verstärken, einer solchen Entwicklung Raum zu geben, Korruption abzubauen und „Good Governance" zu fördern.

Ziel des Global Marshall Plans ist es, auf globaler Ebene geeignete Ordnungsprozesse mit Wettbewerbsmechanismen zu koppeln, um humane Potentiale, Ressourcen und Infrastrukturen mit gut durchdachten institutionellen Lösungen zu Wertschöpfungssystemen zu verbinden. Eine weltweite Ökosoziale Marktwirtschaft schafft die richtige Balance zwischen wettbewerbsstarker Wirtschaft, sozialer Solidarität und ökologischer Nachhaltigkeit.

Ein Global Marshall Plan überwindet alte Interessengegensätze

Die bisher angesprochenen Zusammenhänge deuten darauf hin, dass ein Global Marshall Plan im Sinne eines Planetary Contract eine ungewöhnlich breite Unterstützung finden könnte – auch von gesellschaftlichen Gruppierungen, die sich bisher eher skeptisch bis feindlich gegenüberstehen. Eines der überraschenden Zwischenergebnisse des bisherigen Verlaufs dieser Initiative ist, dass diese von Wirtschaftsunternehmern und Unternehmensverbänden ebenso unterstützt wird wie von scharfen Kritikern der bisherigen Form von Globalisierung, und von Vertretern aus „Nord" wie aus „Süd". Bekannte Repräsentanten aller großen politischen Strömungen, genauso wie Protagonisten aller gesellschaftlichen Sektoren und Vertreter global operierender Netzwerke der Weltzivilgesellschaft sprachen sich vehement für diese Initiative aus.

Am 16. Mai 2003 trafen sich in Frankfurt/M. auf Einladung des Journalisten Herbert Holzamer, Süddeutsche Zeitung, Repräsentanten von einem Dutzend sehr unterschiedlicher Nichtregierungsorganisationen wie Attac, BUND, Club of Budapest, Club of Rome, Ökosoziales Forum Europa, Stiftung Weltethos, Stiftung Weltvertrag, Terra One World Network, Umweltdachverband Österreich, UnternehmensGrün und Wuppertal Institut, um die Initiative für einen ökosozialen Global Marshall Plan zu starten. Sie waren sich einig, dass der Entwurf eines solchen globalen Plans um so besser und erfolgreicher sein wird, je mehr hier Wirtschaft und Zivilgesellschaft sowie wohlhabende und weniger wohlhabende Länder zusammenarbeiten. Den Zeitpunkt ihrer ersten öffentlichen Präsentation am 11. Oktober 2003 in Stuttgart bezeichnete Hans-Dietrich Genscher, früherer deutscher Außenminister und bekannter liberaler Politiker, als „historische Stunde", an die sich künftige Generationen erinnern werden. Bis zu diesem Zeitpunkt hatten sich dieser Initiative bereits mehr als 70 prominente Persönlichkeiten aus aller Welt angeschlossen und eine gemeinsame „Global Marshall Plan Declaration" als „Stuttgarter Erklärung" unterzeichnet – Repräsentanten konservativer, sozialdemokratischer, liberaler wie grüner Parteien, von Unternehmern und Unternehmerverbänden bis zu engagierten Nichtregierungsorganisationen, unter ihnen Ökonomen, Kritiker der bisherigen Form von Globalisierung, Wissenschaftler, religiöse Führer, Künstler und Journalisten. Viele sprachen dabei von „der vielleicht wichtigsten Initiative der vergangenen Jahrzehnte".

Am 15. November 2003 trafen sich in Hamburg – und nachfolgend am 30. Januar und 5. Mai 2004 in Brüssel – über 100 Vertreter zahlreicher NGOs und mehrerer Wirtschaftsverbände. Sie waren der Meinung, dass die bisherigen Ansätze und Impulse dieser Initiative eine reelle Chance zu einem breiten gesellschaftlichen Brückenschlag eröffnen.

Im Mittelpunkt der „Stuttgarter Erklärung" steht die Forderung, dass sich Europa an die Spitze einer weltweiten Bewegung für die Umsetzung eines ökosozialen Global Marshall Plans setzt. Wenn auch ein im Sinne eines Planetary Contract konzipierter Global Marshall Plan von der Weltgemeinschaft getragen werden muss – von der Zivilgesellschaft wie der Wirtschaft und der Politik – so muss dieser Prozess doch zunächst von einem Umfeld ausgehen, das ein hohes Maß an Integration mit dem notwendigen politischen Willen, politischer Durchsetzungsfähigkeit und Glaubwürdigkeit verbindet.

Die Europäische Union ist in dieser Hinsicht einer der Hoffnungsträger für viele Menschen. Daher richtet sich die Global Marshall Plan Initiative derzeit zunächst und explizit an die Entscheidungsträger in Europa. Erster Schritt für die Entwicklung eines Global Marshall Plans wäre – unterstützt von den Europäischen Regierungen – die Einrichtung eines Beratungsgremiums der Europäischen Union, das unter Einbeziehung von Repräsentanten aus „Nord" und „Süd", von Zivilgesellschaft und Wirtschaft, ein integratives Forum für die Entwicklung eines einheitlichen Vorschlags für die Finanzierung und Umsetzung eines Global Marshall Plans bietet.

Diskussionsbeiträge zur Finanzierung und Umsetzung
Ein erster Entwurf für einen ökosozialen Global
Marshall Plan

Die folgenden Ausführungen sind als Diskussionsbeiträge und Anregung zu verstehen. Keineswegs ist damit das Design für einen ökosozialen Global Marshall Plan im Sinne eines Planetary Contracts vorgezeichnet oder gar vorweggenommen. Anliegen dieses Textes ist es vielmehr, die Realisierbarkeit und Finanzierbarkeit eines solchen globalen Aufbauplans für eine besser balancierte Zukunft deutlich zu machen. Ansonsten ist er nur eine Eingabe in die notwendigen Gestaltungs- und Entscheidungsprozesse von Wirtschaft, globaler Zivilgesellschaft und Politik auf dem Weg zu verbesserten und balancierteren Rahmenbedingungen, der hoffentlich bald beschritten wird. Anliegen der Initiative ist es, dass Wirtschaft, Wissenschaft, Politik und globale Zivilgesellschaft aktiv und gemeinsam die inhaltliche Gestaltung dieses Global Marshall Plans in Angriff nehmen. Die Qualität und der Erfolg eines Global Marshall Plans werden entscheidend von deren Engagement und deren Beiträgen abhängen.

Die Initiatoren für einen Global Marshall Plan wollen damit den nötigen Startimpuls geben, bis dieser in hinreichender Form von der Weltgemeinschaft aufgegriffen wird. Sie knüpfen an frühere Impulse an, die den Weg zu einem ökologischen beziehungsweise ökosozialen Global Marshall Plan bereits vorgezeichnet haben – beispielsweise von Franz Alt [10], Kofi Annan [11], Lutz Wicke [12], Georg Winter [13], Susan George [14], Michail Gorbatschow [15], Al Gore [16], Hans Küng [17] und George Soros [18]. Die Beteiligten haben sich in der „Global Marshall Plan Declaration" vorgenommen, nicht nachzulassen, bis ein Global Marshall Plan endlich zur Realität wird.

Das Ziel und die erste Phase

Nach Untersuchungen von Franz Josef Radermacher [19] könnte das Weltbruttosozialprodukt in 50 bis 100 Jahren verzehnfacht
und gleichzeitig eine soziale Balance erreicht werden, wie sie heute
beispielsweise in Europa vorliegt. Hierbei steht der Vervierfachung
der Bruttoinlandsprodukte (BIP) der Industrieländer eine Erhöhung
der BIP der ärmeren Länder um den Faktor 34 gegenüber. Dank
des technischen Fortschritts, in Verbindung mit einer entsprechend
erhöhten Ökoeffizienz und sehr weitgehenden Demateriali-
sierungen, sind dabei ein umfassender Schutz der Umwelt und insgesamt eine nachhaltige Entwicklung möglich.

Die nachfolgenden Vorschläge nehmen Bezug auf die
Entscheidungsstrukturen der EU und internationaler Organisationen und betreffen die erste Phase eines Global Marshall Plans,
die bis zum Jahr 2015 angesetzt ist. Dabei erweist es sich als positiv, richtungweisend und letztlich als Schlüssel für den hier entwickelten Vorschlag, dass die Weltgemeinschaft der Nationen in
den vergangenen zehn Jahren bereits zu einem sehr breiten
Konsens über grundlegende Ziele und Schritte für eine gemeinsame friedliche, prosperierende und nachhaltige Entwicklung gefunden hat. Die Ergebnisse eines Jahrzehnts des Ringens um eine global verträgliche Zukunftsperspektive aller Nationen, die durch eine
beispiellose Serie von UN-Konferenzen in den 90er Jahren des
vergangenen Jahrhunderts zustande kamen, wurden noch einmal
beim Millennium-Gipfel im Jahr 2000 durch die dort anwesenden
über 150 Staatsoberhäupter einstimmig bekräftigt. Aus dieser UN-
Konferenz sind die so genannten UN Millennium Development
Goals [20] hervorgegangen, die exakt das beschreiben, worauf sich
die erste Phase eines Global Marshall Plans fokussieren soll. Sie
umfassen bis zum Jahr 2015 u.a. folgende Punkte:

- Weltweite Halbierung der Anzahl der Personen, deren
  Einkommen weniger als einen Dollar pro Tag beträgt (zur Zeit
  noch mehr als eine Milliarde);
- Ermöglichung des Besuchs eines vollen Grundschulpro-
  gramms für alle Kinder;

- Senkung der Kindersterblichkeit auf ein Drittel der heutigen Werte;
- substanzielle Verbesserungen bei der Gesundheit von Müttern;
- Umkehrung des Trends bei HIV/AIDS, Malaria und anderen epidemischen Krankheiten;
- Umkehrung des Trends beim Verlust von Umweltressourcen;
- Halbierung der Anzahl der Menschen, die keinen Zugang zu gesundem Trinkwasser haben (heute über eine Milliarde);
- Herbeiführung einer neuartigen Partnerschaft für Entwicklung; insbesondere durch (1) die Entwicklung eines offenen Welthandels- und Weltfinanzsystems unter geeigneten Rahmenbedingungen, das national und international eine Verpflichtung zu Good Governance beinhaltet, sowie (2) Aktivitäten zur Armutsüberwindung, z.B. bzgl. der Schuldenproblematik von besonders armen Ländern, (3) die Schaffung von sinnstiftenden und produktiven Arbeitsmöglichkeiten, besonders für Jugendliche, (4) Sicherstellung eines bezahlbaren Zugangs zu wichtigen Medikamenten in Zusammenarbeit mit Pharmafirmen und (5) Zugang für alle zu den Vorteilen moderner Technologie, vor allem im Bereich der Informations- und Kommunikationstechnologie, und damit Anstrengungen zur Überwindung der digitalen Spaltung.

Alle zentralen internationalen Organisationen haben sich diese Ziele zwischenzeitlich zu eigen gemacht, also z.B. die Welthandelsorganisation (WTO), die Weltarbeitsorganisation (ILO), das Umweltprogramm der Vereinten Nationen (UNEP), die Weltbank (WB) und der Internationale Währungsfonds (IMF).

1. Finanzierung
Die Nagelprobe für die Handlungsfähigkeit der Politik auf globaler Ebene: Finanzierung und Implementierung

Alle die richtigen und notwendigen Erklärungen und Vereinbarungen wurden bisher nur in einem höchst entmutigenden Ausmaß umgesetzt. Wenn die offensichtliche Kluft zwischen Willenserklärung einerseits und Handlungskraft andererseits nicht rasch überwunden wird, droht – neben der weiteren Eskalation der globalen Probleme – vor allem eine dramatische Zuspitzung der Vertrauenskrise in die Entscheidungsträger auf allen Ebenen und in die Handlungsfähigkeit der Politik insgesamt. Eine ganze Generation globalverantwortlich denkender Menschen in allen Ländern der Welt hat sich auf den zuvor beschriebenen aufwendigen Prozess der globalen Zielfindung eingelassen und sich dafür engagiert. Es wäre ein großer Verlust an Zukunftsfähigkeit, wenn dieses Potenzial sich aus Enttäuschung zurückziehen würde.

Die Phase der Verständigung auf global verantwortungsvolle Ziele und Schritte muss daher nun mit höchster Dringlichkeit von einer Phase der entschiedenen Umsetzung der globalen Vereinbarungen abgelöst werden. Die Initiatoren der Global Marshall Plan Initiative sehen die Auflösung der Lähmung bei der Umsetzung global adäquater Standards durch Ermöglichung von Konstellationen, die für alle Beteiligten gewinnbringend sind, als die wichtigste Aufgabe der nächsten Jahre und als Einstieg in eine neue Qualität globaler Handlungsfähigkeit an. Dies betrifft insbesondere die Fragen der Finanzierung und der Umsetzungsmechanismen eines solchen Global Marshall Plans.

Benötigtes Finanzvolumen für einen Global Marshall Plan

Der noch nicht gedeckte Finanzbedarf für die Erreichung der Millennium Development Goals liegt nach einer Analyse der Vereinten Nationen, dem so genannten Zedillo-Report (2001), bei etwa 50 Milliarden US Dollar pro Jahr [21]. Hinzu kommen 20 Milliarden US Dollar jährlich, die für die Bereitstellung globaler öffentlicher Güter [22] benötigt werden, um die grundlegenden Rahmenbedingungen für eine optimierte globale Ökosoziale Marktwirtschaft zu gewährleisten. Diese Zahlen decken sich mit einem Bericht des britischen Schatzkanzlers Gordon Brown [23], der im Vorfeld der Weltkonferenz Rio + 10 in Johannesburg 2002 erschienen ist, sowie mit den Analysen von George Soros [24]. Die

Initiative legt daher diesen zusätzlichen Finanzbedarf für ihre eigenen Überlegungen zugrunde, wobei durch verbindliche Zusagen ab
2006 12 Milliarden Dollar dieser zusätzlich benötigten Mittel jährlich
bereits abgesichert sind. Da jedoch die bisherigen Studien von
einer Bereitstellung der Gelder ab 2001 ausgingen, um die
Millennium Goals bis 2015 zu erreichen, und die Implementierung
eines Global Marshall Plans voraussichtlich nicht vor 2008 möglich
sein wird, ist ab 2008 mit einem jährlichen Finanzvolumen von
durchschnittlich etwa 105 Milliarden US Dollar auszugehen, das in
progressiver Weise bereitgestellt werden soll.

Zur Beurteilung dieser Größenordnung sei auf folgende Vergleichs-
zahlen verwiesen: Der US-Kongress verabschiedete für die Militär-
einsätze im Irak und in Afghanistan für das Jahr 2003 insgesamt
87,5 Milliarden US Dollar, wovon 19,8 Milliarden auf humanitäre
Hilfe und Wiederaufbau entfallen. Die Gesamtsumme der internationalen Entwicklungshilfe liegt derzeit bei 56 Milliarden US Dollar,
was etwa 0,2 Prozent des Bruttoinlandsprodukts (BIP) der
Geberländer entspricht. Durch den vorgeschlagenen Global
Marshall Plan würde sich dieser Anteil durchschnittlich auf gut 0,6
Prozent des BIP erhöhen, was noch immer unterhalb der 0,7
Prozent läge, auf die sich die Weltgemeinschaft bereits vor Jahr-
zehnten als Ziel verständigt hat. Als Vergleichsgröße mag ferner
das Volumen des Marshall Plans der USA nach dem Zweiten
Weltkrieg zugunsten Europas dienen. Dieser Plan wurde über
einen Zeitraum von vier Jahren mit durchschnittlich 1,3 Prozent des
BIP der USA finanziert. Der Gesamthaushalt der Europäischen
Union liegt zur Zeit bei gut ein Prozent des BIP der EU-
Mitgliedsstaaten.

Diese Zahlen machen deutlich, dass der vorgeschlagene Global
Marshall Plan finanzierbar ist. Ein einzelnes Land traf nach dem
Zweiten Weltkrieg die Entscheidung zu einem konzentrierten
Entwicklungsplan für das kriegszerstörte und ausgezehrte Europa,
finanziert allein aus dem eigenen Haushalt. Dieser Marshall Plan
trug entscheidend zum europäischen Wirtschaftswunder, zu einer
sehr erfolgreichen inneren wie äußeren Befriedung und zu einem
erfolgreichen breiten Wohlstandsanstieg in Europa bei. Aber auch

das Geberland profitierte nachdrücklich von der Friedensdividende seiner klugen Entscheidung.

Mit der friedlichen Umgestaltung Osteuropas durch Gorbatschows Perestroika entstand die Chance zu einer noch weit größeren, zu einer historisch bisher einmaligen Friedensdividende: Die Rüstungsausgaben sanken von 1.210 Milliarden US Dollar 1985 auf 804 Milliarden im Jahr 1998. Allein mit diesem jährlichen Differenzbetrag von über 400 Milliarden US Dollar könnte man den Global Marshall Plan drei bis vier Jahre lang finanzieren. Stattdessen wurde der Anteil der Entwicklungshilfe im gleichen Zeitraum in den meisten Ländern gekürzt – in nicht wenigen um die Hälfte. Die Kluft zwischen Arm und Reich in der Welt erweiterte sich in keinem Jahrzehnt mehr als in den 90er Jahren des vergangenen Jahrhunderts. Es war ein Jahrzehnt zutiefst enttäuschter Hoffnungen. Wollen wir diesen offensichtlich höchst gefährlichen Weg nicht weitergehen, so ist es jetzt an der Zeit, eine neue globale Friedens- und Entwicklungszusammenarbeit zu organisieren.

Neue Finanzierungsinstrumente für globale Entwicklungsaufgaben

Weltweite Entwicklung erfordert neben Marktöffnungen und neuen Umsetzungsmechanismen auch die oben genannten finanziellen Mittel für eine internationale Zusammenarbeit. Trotz der prinzipiellen Möglichkeit, die erforderlichen Beträge aus den nationalen Haushalten bereitzustellen, bemühen sich die Mitglieder der Initiative aus grundsätzlichen und verfahrenstechnischen Erwägungen vor allem darum, andere Wege für die Bereitstellung dieser Mittel in die Diskussion einzubringen. Insbesondere ist hier die Nutzung intelligenter internationaler Finanzierungsmechanismen zu nennen, die erstens auf neue Potenziale der Globalisierung zugunsten der Finanzierung internationaler Entwicklung zurück greifen, zweitens negative Effekte der Globalisierung dämpfen und schließlich zugleich die Potenziale einer freien Marktwirtschaft nicht beeinträchtigen.

Zum einen werden dadurch die nationalen Haushalte nicht direkt zusätzlich belastet, zum anderen können die dadurch generierten Gelder besser von nationalen Interessen der Geberländer entkoppelt werden. Ferner wird es dadurch erleichtert, synchron voranzuschreiten. Die Abhängigkeit von nationalen Interessen hat in der Vergangenheit immer wieder die Effizienz von Maßnahmen der Entwicklungszusammenarbeit beeinträchtigt und in der Folge auch das öffentliche Ansehen nationaler Entwicklungshilfeprogramme deutlich gemindert. Die Entscheidung für neue Finanzierungsinstrumente auf globaler Ebene kann somit sowohl die politische als auch die öffentliche Akzeptanz für einen Global Marshall Plan entscheidend verbessern.

1. Sonderziehungsrechte beim Internationalen Währungsfonds (IMF)

In der kurzen Zeit nach seiner ersten Vorstellung erfuhr der Vorschlag des international renommierten Finanzexperten George Soros zur Nutzung der Sonderziehungsrechte des IMF zur Entwicklungsfinanzierung [25] breite Unterstützung in der Fachwelt.

So beinhaltet sowohl der Zedillo-Report als auch die Ausführungen von Gordon Brown diesen Vorschlag.

Als Sonderziehungsrechte bezeichnet man Kredite, die einem Land im Verhältnis zu der von ihm in den IMF-Fonds eingezahlten Quote zur Verfügung stehen. Ein Effekt ergibt sich daraus, dass Entwicklungsländer Teile der Quote in ihren eigenen oft schwächeren Währungen einzahlen, Kredite aber in stabilen Währungen aus dem Währungskorb ausbezahlt bekommen. George Soros schlägt vor, solche Sonderziehungsrechte in Zukunft jährlich zuzulassen. Den ärmeren Ländern würde hierdurch gemäß seinem Vorschlag ein Mehr von etwa 10 Milliarden US Dollar für Entwicklungsaufgaben zufließen. Der Vorschlag von George Soros geht aber noch weiter: Zusätzlich sollen die reichen Länder ihren Teil der korrespondierenden Quote von 18 Milliarden US Dollar für Entwick-

lungsfinanzierung bereitstellen. Dies könnte eine wichtige Finanz-
basis für einen Global Marshall Plan bilden.

In dem vorliegenden Vorschlag wird ein jährliches Volumen von
insgesamt 30 bis 40 Milliarden US Dollar Transfer in den Süden aus
Sonderziehungsrechten vorgesehen. Die entsprechenden Möglichkeiten der Geldschöpfung durch die Zentralbanken von reichen
Ländern oder Ländergruppen würden sich dadurch reduzieren,
aber in einem vertretbaren Umfang.

2. Tobin-Abgabe auf globale Finanztransaktionen

Von verschiedenen Seiten wird der Vorschlag einer so genannten Tobin-Abgabe auf globale Finanztransaktionen eingebracht, um
damit globale Entwicklungsziele zu finanzieren. Der Vorschlag findet breite Unterstützung zahlreicher Fachleute, darunter auch aus-
gewiesene Finanzmarktkenner wie George Soros. Kritiker dieses
Vorschlags führen ins Feld, dass dadurch die „kollektive Intelligenz"
in der Steuerung der sehr empfindlichen globalen Finanzströme
belastet würde. Dem steht aber entgegen, dass sich gerade in den
jüngsten Auswüchsen und „Blasen" an den internationalen Kapital-
und Finanzmärkten sowie auch im Bereich der New Economy diese
Intelligenz als nicht sehr weitreichend erwiesen hat. Ansonsten wird
auch nur eine vorsichtige Nutzung dieses Instruments und dies nur
auf globaler Ebene vorgeschlagen.

Ein vorsichtiger Einstieg in eine weltweite Tobin-Abgabe von
zunächst 0,01 Prozent auf globale Finanztransaktionen könnte
Gegenstand der Diskussion werden. Dieser könnte bei entsprechend positiven Erfahrungen auf 0,02 Prozent erhöht werden.
Durch eine derart minimale Tobin-Abgabe könnten jährlich 30 bis 40
Milliarden US Dollar für den vorgeschlagenen Planetary Contract
eines Global Marshall Plans bereitgestellt werden.

Die Mitglieder der Initiative verkennen nicht, dass die Einführung
einer weltweiten Tobin-Abgabe die Einrichtung neuer internationaler
Strukturen erfordert, die über die notwendige politische Autorität wie
auch über wirkungsvolle Sanktionsmöglichkeiten verfügen. Doch

vor dem Anspruch der Notwendigkeit einer Welt-Innenpolitik müssen diese Ansätze intensiv diskutiert und geprüft werden.

3. Terra-Abgabe auf den Welthandel

Es gibt nicht nur finanztechnische, sondern vor allem auch gravierende systemische Gründe, die, entgegen marktfundamentalistischen Positionen, Überlegungen in Richtung der Einführung einer Welthandelsabgabe rechtfertigen. Eine solche Terra-Abgabe [26] würde die Prinzipien des „fairen Handels" aufgreifen, für die sich u.a. die Kirchen und Entwicklungs-NGOs, aber auch bestimmte Industrieverbände schon seit Jahren einsetzen.

In den vergangenen Jahrzehnten fand eine radikale Veränderung der Weltwirtschaft statt. Ein Teil der Wirtschaft und der sie tragenden Unternehmen haben sich sehr weit reichend globalisiert. Ein anderer Teil konnte diesen Weg aus unterschiedlichen Gründen nicht mitgehen. Teils aus strukturellen Gründen, teils aufgrund der regionalen Gebundenheit ihrer Produkte. Der globalisierte Teil der Wirtschaft konnte und kann sich weitergehend der nationalen Besteuerung wie auch der Einhaltung von national gesetzten Standards entziehen und erlangte dadurch einen immensen Wettbewerbsvorteil gegenüber national gebundenen Unternehmen. Nicht zuletzt als Folge hiervon kontrollieren heute die fünfzehn größten transnationalen Unternehmen der Welt, gemessen am Wert ihrer Umsätze, mehr Wirtschaftleistung als die 60 ärmsten Staaten der Welt zusammengenommen. Die Nationen konnten die Steuerausfälle nur durch eine Kombination von Sparen und einer Höherbelastung der Bürger und der national gebundenen Unternehmen ausgleichen, womit auch ein sozialer Rückbau verbunden war.

Dadurch entstand ein sehr tief greifendes systemisches Problem, dessen Ursachen und Auswirkungen noch viel zu wenig diskutiert werden. Wenn es nicht sehr bald wieder zu ausbalancierten Wettbewerbsbedingungen mit einer fairen und ausgewogenen Besteuerung aller Bereiche und Akteure in der Wirtschaft kommt, leiden hierunter nicht nur die kommunalen und nationalen Haushalte. Die Existenz der regional gebundenen, vor allem klein- und mittelständischen Unternehmen wäre ernsthaft gefährdet wie letztlich das System der Ökosozialen Marktwirtschaft insgesamt. Die Einführung einer Abgabe auf Welthandel ist vor diesem Hintergrund eine systemische Notwendigkeit, um wenigstens einen allerersten Schritt zu einem gerechteren weltweiten Steuersystem zu gehen. Bei aller Reformbedürftigkeit der traditionellen Sozialsysteme in Richtung auf mehr Eigenverantwortung darf die finanzielle Absicherung von gesellschaftlichen Investitionen für Bildung, Forschung, Gesundheit, Infrastruktur etc. nicht systemisch ausgehöhlt werden. Sonst würden unsere Gesellschaften in Zukunft ärmer sein, als sie sein müssten.

Zur Finanzierung des Global Marshall Plans sollte deshalb als ein drittes Element die Etablierung einer Terra-Abgabe auf den Welthandel in Höhe von z.B. 0,35 bis 0,5 Prozent diskutiert werden. Sie würde alle Bereiche des Welthandels gleichermaßen betreffen. Da die Welthandelsanteile im Preis von Endprodukten meist den kleineren Anteil ausmachen, ist diese Belastung in den Endprodukten im Einzelfall kaum spürbar. Bei Benzin liegt sie in Deutschland bei etwa ein Promille, d. h. bei etwa 0,1 Cent pro Liter. Die marktinduzierten Preissteigerungen in Deutschland waren im letzten Jahr etwa 50 mal höher. Beim derzeitigen Stand des Welthandels im Volumen von 8,5 Billionen US Dollar würde eine solche Abgabe dennoch 30 bis 40 Milliarden US Dollar zu generieren erlauben.

Alle drei Diskussionsvorschläge haben ferner folgende Vorteile:

- Sie erfordern bei der Bereitstellung der Mittel fast keinerlei zusätzliche Bürokratie, da die vollständige Erfassung der meisten hierfür erforderlichen Wertfeststellungen ohnehin bereits wegen der Zollabfertigung und der Mehrwertsteuerthematik gewährleistet ist.

- Da die vorgeschlagenen Maßnahmen den Zugang neuer Akteure auf den Weltmärkten fördern, sind sie zugleich ein

Instrument zur Stärkung des Wettbewerbs und zur Aufhebung vorhandener Wettbewerbsverzerrungen.

■ Soweit die Mittel als Investitionen eingesetzt werden, erhöhen sie das weltweite Wachstum und tragen zu einem hohen weltweiten Wirtschaftsaufschwung und damit zu einer Steigerung der Wirtschaftsfähigkeit bei.

Die vorgeschlagenen Maßnahmen zu den Sonderziehungsrechten und zur Tobin-Abgabe sollten über den IMF realisiert werden. Der Vorschlag zur Einführung der Terra-Abgabe sollte Thema einer der nächsten WTO-Runden im Rahmen eines übergeordneten Bemühens um einen Global Marshall Plan werden. Die Kompetenz dieser Institution in finanziellen und Wirtschaftsfragen soll die Effizienz in der Nutzung dieser Mittel für Entwicklung wesentlich fördern.

Neben diesen drei dargestellten Finanzierungsmöglichkeiten sind die Einführung eines von Lutz Wicke unter anderem vorgeschlagenen Global Climate Certificate Systems (GCCS) [27] und die Etablierung einer Zukunftsanleihe, wie sie von Maximilian Gege [28] ausgearbeitet wurde, ebenso wertvolle Diskussionsbeiträge wie der von Gordon Brown erarbeitete Vorschlag zur Einrichtung einer International Finance Facility [29]. Besonders wichtig sind auch die Beiträge in Richtung Entschuldung der Entwicklungsländer, wie sie in den Poverty Reduction Strategy Papers (PRSP) der UN ausgeführt werden, und die Schließung von Off-shore-Steuer-Oasen, durch die jährlich etwa 50 Milliarden US-Dollar den nationalen Steuersystemen entzogen werden. Bemühungen um den Abbau von protektionistischen Strukturen müssen – besonders auch im Hinblick auf die gegenwärtige US- und EU-Agrarpolitik – ebenso intensiviert werden wie Überlegungen zu einer internationalen Kartellbehörde.

Umsetzung
Umfassende Standards mit dem Global Marshall Plan implementieren

Bei der Umsetzung des Global Marshall Plans müssen frühere Fehler in der Entwicklungszusammenarbeit vermieden werden. Nur so kann er die angestrebte Wirkung entfalten und damit eine breite und dauerhafte Unterstützung der globalen Zivilgesellschaft, aber auch von Wirtschaft und Politik finden. Als geeignetster Weg dazu erscheint in erster Linie die Verknüpfung von ethischen, ökonomischen, ökologischen, sozialen, kulturellen und demokratischen Standards mit einem solchen Programm im Sinne einer weltweiten Ökosozialen Marktwirtschaft. Die Vergabe der Mittel darf weder durch kurzsichtige wirtschaftliche Interessen der Geberländer beeinflusst sein, noch durch kurzsichtige Machtinteressen von Eliten in den Nehmerländern. Dies kann am besten durch die konsequente Orientierung an Standards, eine damit verbundene Rechenschaftspflicht sowie die aktive und transparente Einbeziehung der Wirtschaft und der zivilgesellschaftlichen Organisationen erreicht werden.

Für die erste Phase des Global Marshall Plans wird die Anwendung folgender Standards angestrebt, für die bereits ein breiter Konsens der UN-Mitglieder gefunden wurde:

- die Kern-Standards der Weltarbeitsorganisation (ILO) wie Organisationsrecht, Gleichbehandlung von Mann und Frau, Verbot der Kinderarbeit etc., die weitgehend deckungsgleich sind mit den grundlegenden wirtschaftlichen, sozialen und kulturellen Menschenrechten, auf die ebenfalls Bezug genommen werden sollte;
- die Standards der internationalen Umweltabkommen.

Wenn man diese Kriterien bei der Mittelvergabe anwendet, muss man sich bewusst sein, dass die Nichtbeachtung einiger dieser ökologischen und sozialen Standards in manchen Bereichen die wichtigsten Wettbewerbsvorteile der betreffenden, in der Regel ökonomisch zurückliegenden Regionen darstellen. Das Beispiel der EU-Erweiterung zeigt, dass dennoch Vereinbarungen über die

Anwendung von gemeinsamen hohen Standards und Schutz-
niveaus erreicht werden können, wenn gleichzeitig eine Co-
Finanzierung der Entwicklung der schwächeren Partner durch die
entwickelten Ländern sichergestellt wird. Diese Kopplung ist für alle
Beteiligten gewinnbringend. Für den Erfolg des Global Marshall
Plans ist daher aus Sicht der Initiative neben weiteren abgestimmten Marktöffnungen eine gut balancierte Verknüpfung von Standard-
implementierung und Co-Finanzierung von entscheidender Bedeutung.

Die bisher wirkungsvollsten Durchsetzungsmöglichkeiten von
Standards auf globaler Ebene liegen bei der Welthandelsorganisation (WTO). Die WTO unterscheidet sich durch zwei
Merkmale entscheidend von anderen internationalen Organisationen: Sie ist in ihrer Entscheidungsfindung nach dem Konsens-
prinzip organisiert und ermöglicht damit nicht nur den reicheren,
sondern auch den ärmeren Ländern, eine Art Vetorecht bezüglich
ihrer weiteren Ausgestaltung. Darüber hinaus verfügt sie über eine
ausgesprochen wirkungsvolle Gerichtsbarkeit mit massiven
Sanktionsmöglichkeiten durch die Genehmigung von Strafzöllen.

Die WTO geriet dennoch wie keine andere internationale Organisation in die Kritik, vor allem weil sie sich – ihrem Mandat entsprechend – bisher ausschließlich solcher Themen angenommen hat,
die den Freihandel fördern, und dabei ökologische, soziale und
kulturelle Aspekte weitgehend unberücksichtigt ließ. Seit dem
Scheitern des WTO-Gipfels in Cancún ist jedoch klar, dass die
ärmeren Länder künftig von ihrem Vetorecht Gebrauch machen
werden, wenn ihnen vorgeschlagene Vereinbarungen insgesamt
unausgewogen und ungerecht erscheinen.

Die Autoren dieses Papiers schlagen vor diesem Hintergrund die
Verknüpfung von Handelsregeln mit den oben erwähnten sozialen,
kulturellen und ökologischen Standards zu einem kohärenten, auf
Nachhaltigkeit ausgerichteten Global-Governance-System vor.
Dies muss eine oberste Rechtsautorität durch Integration der WTO-
Ebene mit anderen globalen Regimen beinhalten. Alle Elemente
eines zukünftigen globalen Ordnungsrahmens sollten bei Nicht-
beachtung mit denselben Klage- und Sanktionsmöglichkeiten ver-

sehen werden. Die Gleichstellung von Handels-, Umwelt- und
Sozialstandards über eine Verknüpfung mit der WTO ist – gemeinsam mit der Bereitstellung der erforderlichen Mittel für den Global
Marshall Plan – ein zentrales Anliegen der Initiative. Die Widersprüchlichkeit zwischen den Regelwerken heutiger internationaler
Organisationen wie ILO und WTO verhindert die Umsetzung eigentlich bereits international anerkannter Standards.

Für die Entwicklung eines glaubwürdig-demokratischen Global-
Governance-Systems ist es ferner auf Dauer unvermeidbar, die
Stimmrechte in den internationalen Organisationen noch einmal auf
ihre Kohärenz zu überprüfen. Während das Stimmrecht der industrialisierten Länder entsprechend ihrer Bevölkerungszahl innerhalb
der Vereinten Nationen 17 Prozent beträgt, ist dieses innerhalb des
International Fund for Agricultural Development (IFAD) auf 34
Prozent und innerhalb der Weltbank und des Internationalen
Währungsfonds (IMF) auf über 60 Prozent gewichtet. Das Thema
der demokratischen Qualitäten der internationalen Organisationen
sollte unabhängig vom Thema der Global Marshall Plan Initiative
generell aufgegriffen werden, da hiervon die Glaubwürdigkeit und
Akzeptanz aller Entscheidungsprozesse zu globalen Fragen entscheidend abhängt. Dabei wird nicht verkannt und ist zu würdigen,
dass Geldgeber häufig eine stärkere Repräsentanz bei Entscheidungen über den Mitteleinsatz erwarten, als einer reinen Pro-
Kopf-Betrachtung entspricht.

Für die hier vorgeschlagene Durchsetzung globaler Standards in
allen Bereichen schlägt die Initiative eine generelle Orientierung an
den international anerkannten ILO- und Umweltstandards vor.
Darüber hinaus ist auch eine Orientierung an den Prinzipien eines
Weltethos [30] und der so genannten Earth Charter [31] sinnvoll.

Die Earth Charter wurde in einem jahrelangen Prozess unter
Einbeziehung einer bisher einmaligen Breite der unterschiedlich-
sten Kulturen und der globalen Zivilgesellschaft entwickelt. Ein
Schlüsselgedanke ist dabei der hohe Respekt vor der Vielfalt der
natürlichen und menschlichen Systeme. Vielfalt führt generell zu
einer Verbesserung der Lern- und Anpassungsfähigkeit von Systemen und zu einer höheren Robustheit gegenüber sich verändern-

den Bedingungen. Daher kommt ihr höchste Bedeutung im menschlichen Zusammenleben zu.

Einsatz der Mittel aus einem Global Marshall Plan

In einer globalisierten Welt haben entsprechend der vorliegenden Erkenntnisse alle Ebenen – von der individuellen und lokalen über die nationale bis zur globalen Ebene – unverzichtbare Aufgaben. Die Bewältigung der Aufgaben sollte nach dem Subsidiaritätsprinzip erfolgen. Dies ist wesentlich für die effiziente Umsetzung eines Global Marshall Plans und erfordert einiges an Veränderung, da die politischen Entscheidungsstrukturen heute noch keineswegs einer zusammenwachsenden Weltgemeinschaft gerecht werden.

Im Mittelpunkt der Bemühungen müssen Wissenstransfer, „Empowerment" und gezielte Investitionen in Bildung und Gesundheit stehen. Im Zuge der Förderung dieser Prozesse:

- muss die Stärkung der eigenverantwortlichen und unternehmerischen Fähigkeiten jedes Einzelnen zum zentralen Anliegen zukünftiger Fördermaßnahmen werden;
- wird die Einbeziehung der lokalen wie globalen Zivilgesellschaft in die Gestaltungsprozesse immer wichtiger;
- steigen die demokratischen Anforderungen auf allen Ebenen;
- und wird es insbesondere unumgänglich, dass alle Menschen aller Nationen das Gefühl erlangen können, an der Gestaltung der globalen Rahmenbedingungen in gleichberechtigter Weise beteiligt zu sein.

Für den Einsatz der Mittel halten wir vor dem Hintergrund dieser Überlegungen folgende Prinzipien und Vorschläge für besonders erwähnenswert:

- Die konkreten Förderprogramme sollten über die entsprechenden Sonderorganisationen und Programme der Vereinten Nationen koordiniert werden. Die Rolle der Vereinten Nationen, deren jährliches Gesamt-Budget für Verwaltung, Programme, sämtliche Unterorganisationen und Friedenseinsätze etwa dem Betrag entspricht, den die Stadt New York für Bildungsausgaben aufwendet, muss gestärkt werden.

- Am Beispiel des bereits eingerichteten und mit gut zwei Milliarden US Dollar ausgestatteten „The Global Fund to fight AIDS, Tuberlucosis and Malaria" soll beobachtet werden, ob die Etablierung solch eigener UN naher Fonds in Wechselwirkung mit Akteuren der Wirtschaft und der Zivilgesellschaft für die Kernziele des Global Marshall Plans hilfreich sind.

- Sofern Mittel aus einer Welthandelsabgabe gewonnen werden, wäre zu erwägen diese zunächst jeweils für Entwicklungsziele in jenen Wirtschaftssektoren einzusetzen, in denen die Einnahmen anfallen, z.B. im Telekommunikations- oder Energiesektor. Dies könnte die Zustimmungsfähigkeit seitens der Wirtschaft deutlich erhöhen, da Mittelaufbringung und Mitteleinsatz in transparenter Weise aufeinander bezogen wären. Allerdings wäre hier, wie in anderen Bereichen, auf den Einsatz angepasster Technologien zu achten.

- Ein wesentliches Instrument des Mitteleinsatzes sollte die öffentliche Ausschreibung von vorgesehenen Programmen bei Nichtregierungsorganisationen sein, so dass sich auf diese Weise in gesunder Konkurrenz die beste Kosten-Ergebnis-Relation ergibt. Dies könnte gemäß einem Vorschlag von George Soros über ein neutrales Gremium erfolgen, das beim IMF installiert ist, aber in seinen Entscheidungen materiell unabhängig bleibt.

- Eindeutigen Vorrang vor Projekten, die von Experten und Firmen der Geber-Länder durchgeführt werden, sollten solche Projekte haben, die auf dem unternehmerischen Potenzial der Menschen vor Ort basieren – zum Beispiel Kleinkreditbanken (Grameen Bank) und Entwicklungsschulen (Fundaec in Kolumbien), an denen Einheimische zu Entwicklungshelfern ausgebildet werden.

- Bei Technik-Transfers sollte sich die Auswahl der geförderten Projekte vor allem an dem Maßstab orientieren, dass eine möglichst große Breite an Einheimischen (anstatt zahlenmäßig kleiner Gruppen von Eliten) die Fähigkeit erlangt, mit diesen so schnell und effizient wie möglich in Eigenverantwortung umzugehen. Als ein erfolgreiches Beispiel im Sinne eines solchen „Empowerments" sei hier auf das Women's Empowerment Program in Nepal verwiesen.

■ Die Suche nach besonders erfolgreichen und effektiven sozialen und ökologischen Projekten und deren Erfolgskriterien sollte als neuer internationaler Forschungsschwerpunkt definiert und gefördert werden. Mit der Identifikation und Förderung von Best-Practice-Projekten kann die Effizienz vieler heutiger Formen der Entwicklungsunterstützung massiv gesteigert werden.

Nächste Schritte

Die Initiatoren für einen Global Marshall Plan wenden sich mit ihren Überlegungen und Vorschlägen bewusst parallel an unterschiedliche Adressaten:

An die Europäischen Regierungen und nationalen Parlamente, an die EU-Parlamentarier und die Europäische Kommission mit dem Vorschlag ein EU-Beratungsgremium noch im Winter 2004/2005 einzuberufen. Dieses Gremium soll unter Einbeziehung der Wirtschaft und Zivilgesellschaft aus „Nord" und „Süd" eine konkrete EU-Initiative für einen Global Marshall Plan im Sinne eines Planetary Contract ausarbeiten. Die EU sollte ein entsprechendes Konzept zukünftig als gemeinsame EU-Position bei allen künftigen Welt-Gipfeln einbringen. Das ist aktuell das praktische Zwischenziel dieser Initiative.

An die UNO (United Nations Organization), von der letztendlich der Planetary Contract eines Global Marshall Plans getragen werden muss und deren Unterorganisationen, die für die Umsetzung eines Global Marshall Plans eine zentrale Rolle spielen.

An unterschiedliche internationale Organisationen – aus dem Bereich der UN-Sonderorganisationen wie auch aus dem Bereich internationaler Wirtschafts- und sonstiger Verbände – mit der Bitte, im Sinne eines Global Marshall Plans aktiv zu werden und auf diesem Wege die Erreichung der UN Millennium Development Goals doch noch zu ermöglichen.

An die international agierende Wirtschaft, einen solchen Global Marshall Plan als Hebel für ein umfassendes Weltwirtschaftswunder und für die Förderung einer Good Corporate Governance zu ihrem Anliegen zu machen. Ohne die Unterstützung der Wirtschaft ist eine umfassende Umsetzung des Planetary Contracts eines Global Marshall Plans nicht denkbar.

An die in Nichtregierungsorganisationen organisierte globale Zivilgesellschaft, damit sie die Initiative für einen Global Marshall Plan zu einem ihrer Kernanliegen für die nächsten Jahre machen. Die NGOs können wesentlich dazu beitragen, dass das Bewusstsein für die Notwendigkeit eines Global Marshall Plans wächst. Sie sollen gleichzeitig den Fortgang des angestoßenen Prozesses kontrollieren und überwachen.

Sollten die Unterstützungswellen dieser Initiative auf den angesprochenen Ebenen das von den Initiatoren gewünschte Ausmaß erreichen, so könnte auf einem Weltgipfel im Jahre 2007, dem Datum Rio +15, die Verabschiedung eines ökosozialen Global Marshall Plans erfolgen. Lange vorher, doch bis spätestens Ende 2005, müssten in einem entsprechenden europäischen Beratungsgremium die Ausarbeitungen wesentlicher Eckpunkte erfolgt sein.

Die erste Implementierungsphase für die Erreichung der oben beschriebenen Kernziele entsprechend den Millennium Development Goals könnte vom 1. 1. 2008 bis einschließlich dem Jahre 2015 vorgesehen sein. Die Millennium Goals wären ohne einen solchen Plan praktisch nicht mehr erreichbar. Der jüngste Welternährungsbericht zeigt deutlich, dass sich die Trends bezüglich entscheidender Anliegen der Millennium Development Goals verschlechtern, anstatt sich zu verbessern. Hier besteht dringender Handlungsbedarf. Eine weitere Verschärfung dieser Problematik wird ein verspätetes Gegensteuern um ein Vielfaches schwieriger, wenn nicht gar unmöglich, machen.

Die Rolle der Initiatoren

Gegenwärtig wird die Initiative für einen Global Marshall Plan von einer Gruppe von NGOs und Verbänden sowie von namhaften Persönlichkeiten des öffentlichen Lebens getragen. Im Herbst 2004 fanden zwei internationale Roll-Out Veranstaltungen in Wien statt. In vielen europäischen und außereuropäischen Ländern bildeten sich die ersten Global Marshall Plan Nationalkomitees. In den nächsten Monaten soll diese Basis sowohl in Europa als auch weltweit deutlich erweitert werden. Die Initiatoren werden die oben genannten strategischen Ziele für die Realisierung eines Global Marshall Plans voranbringen und – nach der hoffentlich bald erfolgten Etablierung eines europäischen Beratungsgremiums – diesen Prozess weiterhin beobachten und mit eigenen Vorschlägen inhaltlich und strategisch begleiten.

Sie werden ferner daran arbeiten, dass ein breites öffentliches Bewusstsein für global verantwortliches Handels fortentwickelt wird [32]. Nur ein gesteigertes Bewusstsein und verbessertes Verständnis kann eine verlässliche Grundlage darstellen, um diese Initiative für eine humane Gestaltung der Globalisierung zum Erfolg zu führen.

Abschließend sei noch einmal die Überzeugung der Initiatoren wiederholt: Ein vernünftig entwickelter Global Marshall Plan entspricht sowohl kurzfristig, wie auch langfristig gesehen, dem besten Interesse der sich entwickelnden wie der reichen Länder, der engagierten globalen Zivilgesellschaft wie auch der Wirtschaft und der nationalen und internationalen Politik. Er kann sich – in Verbindung mit der Umsetzung großer ökologischer und sozialer Zielsetzungen im Sinne eines Planetary Contract – als das effektivste heute mögliche Wirtschaftsförderprogramm und Friedensprogramm für die kommenden Jahrzehnte erweisen.

Weitere Informationen zur Global Marshall Plan Initiative sind unter www.globalmarshallplan.org abrufbar.

Verweise im Text (Literatur auf der nächsten Seite)

1. Die Namensgebung „Global Marshall Plan" hebt allein auf die Notwendigkeit eines großen globalen und konkreten Plans zur Erreichung der genannten Ziele ab und auf die Tatsache, dass es bereits einmal eine vergleichbare erfolgreiche Anstrengung gab. Sie beinhaltet keine darüber hinausgehenden Aussagen über die Rolle des historischen Marshallplans, über die Wertigkeit verschiedener kultureller oder gesellschaftlicher Entwicklungswege und Modelle oder über Fristigkeiten, Voraussetzungen und Umsetzungsstrategien für die hier verfolgte Initiative.

2. Vgl.: www.un.org/millenniumgoals & Franz Josef Radermacher, Global Marshall Plan - Ein Planetary Contract für eine weltweite Ökosoziale Marktwirtschaft. Ein Bericht an die Global Marshall Plan Initiative. Ökosoziales Forum Europa. Wien 2004

3. Executive Summary: „Global Governance Initiative". World Economic Forum 2004

4. John Williamson: „What Washington Means by Policy Reform" in Latin American Adjustment. Institute for International Economics 1990

5. Joseph Stiglitz: Roaring Nineties. Der entzauberte Boom. Berlin 2004

6. Weltbank. World Development Indicators 2003 und Weltbank. Global Economic Prospects 2004

7. Josef Riegler / Anton Moser: Ökosoziale Marktwirtschaft. Graz und Stuttgart. 1996

8. Carl Friedrich von Weizsäcker: Fragen zur Weltpolitik. München 1975 & Wege in der Gefahr. München 1976

9. Susan George: Clusters of Crisis and a Planetary Contract. 2001, www.tni.org/archives/george/clusters.htm

10. Franz Alt: Das ökologische Wirtschaftswunder. Arbeit und Wohlstand für alle. Berlin 1997

11. Kofi Annan u.a.: Brücken in die Zukunft. Ein Manifest für den Dialog der Kulturen. Frankfurt/M. 2001

12. Lutz Wicke / J. Hucke: Der ökologische Marshallplan. Frankfurt 1989

13. Georg Winter: Das umweltbewusste Unternehmen. Die Zukunft beginnt heute. München 1993

14. Vgl. www.thirdworldtraveler.com/Dissent/AnotherWorldPossible.html

15. Michail Gorbatschow: Mein Manifest für die Erde. Jetzt handeln für globale Gerechtigkeit und eine ökologische Zukunft. Frankfurt/M. 2003

16. Al Gore: Wege zum Gleichgewicht. Ein Marshallplan für die Erde. Frankfurt/M. 1992

17. Hans Küng: Projekt Weltethos. München 1993

18. George Soros: Der Globalisierungs-Report. Weltwirtschaft auf dem Prüfstand. Berlin 2002

19. Franz Josef Radermacher: Balance oder Zerstörung. Ökosoziale Marktwirtschaft als Schlüssel zu einer weltweit nachhaltigen Entwicklung. Wien 2002

20. Vgl.: www.un.org/millenniumgoals & F. J. Radermacher: Global Marshall Plan - Ein Planetary Contract für eine weltweite Ökosoziale Marktwirtschaft. Bericht an die Global Marshall Plan Initiative. Wien 2004

21. Vgl.: www.un.org./reports/financing/full_report.pdf

22. Öffentliche Güter im Kontext der Millennium Development Goals betreffen insbesondere folgende Themen: Verwirklichung der grundlegen-den Menschenrechte für alle, einschließlich des universellen Zugangs zu Basis-Erziehungs- und Gesundheitssystemen, weltweite Sicherheit, grenz-überschreitend harmonisierte Kommunikations- und Transportsysteme, Förderung von Markteffizienz, transparente und rechenschaftspflichtige Regierungsführung, Harmonisierung technischer Standards, konzertiertes Management von Wissen, einschließlich weltweiter Respektierung der geistigen Eigentumsrechte.

23. Vgl.: www.globalpolicy.org/socecon/ffd/2002/1216brown.htm

24. Vgl.: www.soros.org

25. George Soros: Der Globalisierungs-Report. Weltwirtschaft auf dem Prüfstand. Berlin 2002

26. Peter Spiegel: Das Terra-Prinzip. Das Ende der Ohnmacht in Sicht. Stuttgart 1996. ferner: Peter Spiegel u.a.: Chancen. Projekte zur nachhaltigen Gestaltung der Globalisierung. Stuttgart 1999

27. Lutz Wicke: Global Climate Certificate System (GCCS) - Nachhaltige Klimaschutzpolitik. IfUM Berlin 12/2003

28. Maximilian Gege: Die Zukunftsanleihe. Wie Deutschland ein Modell nachhaltigen Wachstums und weltweiten Wohlstands werden kann. München 2004

29. Her Majesty Treasury. International Issues. January 2003. Proposal: International Finance Facility http://www.hm-treasury.gov.uk/documents

30. Hans Küng: Projekt Weltethos. München 1993

31. Vgl.: www.earthcharter.org

32. Ervin Laszlo: You Can Change the World. Anleitung zum persönlichen Handeln. Ein Report des Club of Budapest mit einer Einleitung von Michail Gorbatschow, einem Epilog von Paulo Coelho und einer „Einladung zum Mitgestalten" von Peter Spiegel. Petersberg 2003

Literaturhinweise

1. Franz Alt: Das ökologische Wirtschaftswunder. Arbeit und Wohlstand für alle. Berlin 1997

2. Kofi Annan u.a.: Brücken in die Zukunft. Ein Manifest für den Dialog der Kulturen. Frankfurt/M. 2001

3. Maximilian Gege: Die Zukunftsanleihe. Wie Deutschland ein Modell nachhaltigen Wachstums und weltweiten Wohlstands werden kann. Ein Bericht an die Global Marshall Plan Initiative, München 2004

4. Michail Gorbatschow: Mein Manifest für die Erde. Jetzt handeln für globale Gerechtigkeit und eine ökologische Zukunft. Frankfurt/M. 2003

5. Al Gore: Wege zum Gleichgewicht. Ein Marshallplan für die Erde. Frankfurt/M. 1992

6. Ervin Laszlo: You Can Change the World. Anleitung zum persönlichen Handeln. Petersberg 2003

7. Josef Riegler / Anton Moser: Ökosoziale Marktwirtschaft. Graz und Stuttgart 1996

8. Franz Josef Radermacher: Balance oder Zerstörung. Ökosoziale Marktwirtschaft als Schlüssel zu einer weltweiten nachhaltigen Entwicklung. Wien 2002

9. Franz Josef Radermacher: Global Marshall Plan - Ein Planetary Contract für eine weltweite Ökosoziale Marktwirtschaft. Bericht an die Global Marshall Plan Initiative, Wien 2004

10. George Soros: Der Globalisierungs-Report. Weltwirtschaft auf dem Prüfstand. München 2002

11. Peter Spiegel: Chancen. Projekte zur nachhaltigen Gestaltung der Globalisierung. Stuttgart 1999

Mit einem globalen Marshallplan für eine weltweite Ökosoziale Marktwirtschaft eine neue Art von Wirtschaftswunder ermöglichen

Am 11. Oktober stellten Franz Alt, Almaz Böhm, Marika Kilius, Ervin Laszlo, Sabine Leidig, Ernst Ulrich von Weizsäcker und Georg Winter die Inititiative erstmals der Öffentlichkeit vor. Als Hans-Dietrich Genscher am selben Abend öffentlich in Stuttgart erklärte: "Möge es uns allen damit gelingen, ein ganzes Meer von Solidarität in der ganzen Welt zu schaffen." war die Stuttgarter Erklärung geboren.

Nach dem zweiten Weltkrieg entschieden sich die Vereinigten Staaten von Amerika zu einem historischen Schritt: Die USA erhöhten ihren Etat für wirtschaftliche Unterstützungsmaßnahmen anderer Länder auf die Rekordhöhe von 1,5 Prozent ihres Bruttosozialprodukts (zum Vergleich heute: 0,1 Prozent). Sie finanzierte damit den sogenannten Marshallplan für das kriegszerstörte und ausgezehrte Europa. Der Marshallplan trug entscheidend zum europäischen Wirtschaftswunder bei, zu einer sehr erfolgreichen inneren wie äußeren Befriedung und zu einem erfolgreichen breiten Wohlstandsanstieg.

Heute sind Frieden, Freiheit, Wohlstand und Sicherheit vor allem durch eine extreme wirtschaftliche Ungleichheit gefährdet. 50 Prozent der Weltbevölkerung müssen mit weniger als 2 Euro pro Tag auskommen, 26.000 Menschen sterben täglich an Hunger und Mangel an sauberem Wasser. Auch die noch immer wachsenden globalen Umweltprobleme lassen sich nicht lösen ohne eine Perspektive für alle auf eine bessere Welt.

Unser Aufruf gilt heute vor allem Europa, sich an die Spitze einer weltweiten Bewegung für einen globalen Marshallplan zu setzen. Ein globaler Marshallplan kann

- das solideste Fundament für einen neuen, nachhaltigen weltweiten Wirtschaftsaufschwung sein, denn im Aufholen der bisher wenig entwickelten Länder steckt ein enormes weltweites Wirtschaftswachstumspotenzial, von dem gerade auch entscheidende neue Nachfrageimpulse für Exportländer ausgehen würden.

■ ein besonders intelligenter und effektiver Weg zu einer weltweit sozial und ökologisch nachhaltigen Entwicklung sein: Das Beispiel der EU-Erweiterung zeigt, welcher ökologische, soziale, demokratische und friedensstiftende Kreislauf in Gang gesetzt werden kann, wenn wirtschaftsfördernde Co-Finanzierung an die Erhöhung von ökologischen, sozialen und demokratischen Standards in den Nehmerländern gebunden wird.

Das erfolgreiche europäische Modell der Ökosozialen Marktwirtschaft, das nicht umsonst in nahezu jedem Programm jeder konservativen, sozialdemokratischen, liberalen oder grünen Partei in Europa wiederzufinden ist, ist ein glaubwürdiges Konzept und könnte als Vorbild für die Rahmenbedingungen eines neuen globalen Miteinanders dienen. Eine europäische Initiative für einen globalen Marshallplan zur weltweiten Förderung dieses Erfolgsmodells wäre zweifelsohne ein historischer Schritt, der das Ansehen und den Erfolg Europas auf Jahrzehnte hinaus sichern kann. Wir fordern daher die Einrichtung eines Beratungsgremiums der Europäischen Union zur Entwicklung eines ökosozialen globalen Marshallplans.

Die Inhalte eines solchen globalen Marshallplans sollen schrittweise und unter starker Einbeziehung aller Bereiche der Gesellschaft von Politik und Wirtschaft über Wissenschaft und Kultur bis zur Zivilgesellschaft entwickelt werden, besonders wichtig erscheinen uns dabei beispielsweise die besondere Prüfung bester ökologischer und sozialer Projekte in der Welt gemeinsam mit Nicht-Regierungs-Organisationen der globalen Zivilgesellschaft mit dem Ziel einer massiven Effektivitätssteigerung in der Förderung ökologischen und sozialen Wandels, die besondere Förderung von kleinen und mittleren Unternehmen und Akteuren im Rahmen dieses globalen Marshallplans, die Nutzung des Angebots der diese

Initiative tragenden Nicht-Regierungs-Organisationen, einen solchen globalen Marshallplan mit ihrem gesamten Potenzial zu unterstützen.

Ein globaler Ökosozialer Marshallplan ist überfällig und im besten wohlverstandenen Interesse aller Teile der unteilbaren Menschheit. Wir sind daher entschlossen, diese Initiative so lange voranzubringen, bis sie zum gewünschten Erfolg geführt hat.

Die UN Millenniumsziele

Im September 2000 trafen sich Staats- und Regierungschefs aus 150 Ländern in New York. In einem Gipfeltreffen verabschiedeten sie die Millenniumserklärung. In dieser Erklärung formulierten sie acht internationale Entwicklungsziele und vereinbarten die Umsetzung dieser "Millennium Development Goals" bis zum Jahr 2015.

1. Halbierung der Zahl der Menschen, die unter extremer Armut und Hunger leiden

2. Sicherstellung der Grundschulausbildung für alle Kinder

3. Förderung der Gleichstellung von Frauen, im Besonderen im Bereich der politischen, sozialen und wirtschaftlichen Beteiligung und der Bildung

4. Verminderung der Kindersterblichkeit um zweidrittel bei Kindern unter fünf Jahren

5. Verbesserung der Gesundheit der Mütter

6. Bekämpfung von HIV/AIDS, Malaria und anderen Seuchen

7. Verbesserung des Umweltschutzes und die Sicherung ökologischer Nachhaltigkeit

8   Weltweite Partnerschaften für Entwicklung ausbilden

Weitere Informationen unter www.un.org/millenniumgoals

Förderer der Global Marshall Plan Initiative*
(Auszug)

Alexander Adolphs
Dr. Wolfgang Balze
Amarante Barambio
Peggy Bellmann
Dr. Rainer Bender, FH Offenburg
Joachim Berger, TGM Abel & Berger GmbH
Freiherr Johannes von und zu Bodmann
Susanne Boehncke, Boehncke PR
Dr. Rolf-Dieter Bork und Inse Bork-Daniel
Bruno Brachtl
Dr. Ulrich und Traudl Bracker
Dr. Gerhard und Marines Bruckner, Firma Rösler HG
Anke Brumm
Günther Christmann
Horst und Mechtild Colsman

---

* Förderer sind Personen oder Organisationen, die die Global Marshall Plan Initiative zusätzlich zu ihrem Engagement auch finanziell mit jährlich mindestens 50 Euro (Privatpersonen), 200 Euro (Organisationen) und 1.000 Euro (Unternehmen) unterstützen sowie durch Sachleistungen.

Global Marshall Plan Foundation
Konto 212
BLZ 251 205 10 Sozialbank
IBAN: DE73 2512 0510 0008 4098 00
SWIFT - BIC: BFSWDE31HAN

Sie erhalten eine in Deutschland steuerlich abzugsfähige Spendenbescheinigung.

Dr. Werner und Hilde Czudnochowsky
Irina Dahms
Ulrich Dettweiler, Evangelische Akademie Tutzing
Ulrich Martin Drescher, UnternehmensGrün
Norbert Drews, eco-best-invest
Guido Eberhard, attac Hamburg
Udo Eitzenberger, Eitzenberger. Media Druck Logistik
Gabriela Ender, OpenSpace-Online GmbH
Jürgen Engel
Karolin und Frithjof Finkbeiner, Stiftung Weltvertrag
Lothar Fischer
Birgit Franz
Armin Frey, Stiftung Weltvertrag
Susanne und Alexander Gad El-Karim, Ulanas GmbH
Rosemarie Gailhofer
Klaudius Gansczyk, Gesellschaft für Interkulturelle Philosophie
Dr. Horst Peter Groß, Universitäts.Club Klagenfurt
Petra Gruber, Institut für Friede, Umwelt und Entwicklung
Ulrich Grüttner, Umweltschutzberater des Handwerks
Ghanisham Gulati, Management of Values
Tobias Guller
Dr. Leonard Haaf, Tauber-Solar-Managment GmbH
Dr. Ellinor Haase, Europäische Vereinigung für
    Erwachsenenbildung (EAEA)
Jürgen Haase
Dieter Härthe, Bundesverband für Wirtschaftsförderung und
    Außenwirtschaft (BWA)
Andreas Henschel, Bundesverband für Wirtschaftsförderung und
    Außenwirtschaft (BWA)
Dr. Ulf und Elisabeth Hermanspann
Raoul-Tarik Herrmann, AIESEC Stuttgart & Hohenheim
Konsul Peter Hesse, Peter-Hesse-Stiftung
Dieter Hieke
Angelika Hillmer, Hamburger Abendblatt
Prof. Günther Hödl, Rektor Universität Klagenfurt
Karin Holluba-Rau

Klaus-Peter Hosfeld, Büro für kaufmännische Dienstleistungen
Michael Ihden
Krzysztof Jablonka
Hans und Elisabeth Jaeger, Jaeger Akustik
Dr. Heinz Kaiser
Alexander Karim
Arnd Kippenberg
Edith und Gerd Kipper
Willy Kober, AL-KO Kober AG
Eberhard Koch, BUND
Anna Elisabeth Künzel
Claus Lang, Universität Stuttgart
Lebenschancen International e.V.
Horst Lehrheuer, Common Goal Group
Rainer von Leoprechting, EU-Kommission
Barbara A. Lichtblau, Common Goal Group
Jörg Lohmann
Franz Maier, Umweltdachverband
Lothar Mayer, Sachbuchautor
Marcus Maurer, Studio Marcus Maurer & Martina Keller Design
Pfarrer Ingo Maxeiner
Barbara Mayr
Prof. Klaus Meirer
Philipp Meyenbröcker
Uwe Möller, Club of Rome
Werner Mühlböck, Diözese Innsbruck
Sabine Müller, com.plan GmbH
Marc Müller-Bremer, Rebranding
Eberhard Nietzer, Legal Translations
Georg Okrusch, Rotaract
Ed O´Rourke
Jörn Paessler, Paessler Publishing
Detlef Pauligk
Katharina Peisker, YOIS
Katja Pfeiffer, Journalistin
Walter Pfeiffer

Dr. Michael Weiss, Fa. Mensch & Management Weiss&Partner
    Managementraining KEG
Roland Wenzel
Prof. Gerd Wibberenz
Hanna-Marie Wichmann
Maarten Willemse, Stichting Voedselbank Noord-Limburg
Berthold Winter, Regitz-Fachbuchhandlung
Georgios Zervas, IMS Unternehmensberatung
Hubert Zimmer, Renewables for Development - RforD
Bernd und Monika Zirzlaff
Hans-Udo Zöllner, Handelskontor Willmann

Unterstützer der
Global Marshall Plan Initiative
(Auszug)

Dr. Franz Alt, TV-Journalist, Bestsellerautor

Dieter Althaus, Ministerpräsident Thüringen

Nicolai Sune Andersen, Stiftung Weltvertrag

Dr. Günther Bachmann, Rat für Nachhaltige Entwicklung

Angelika und Christoph Bail

Alice Bakker-Osinga, Foundation Osinga Ages

Josip Baotic, Ökosoziales Forum Kroatien

Dr. Marlis Basili-Hartmann, Siemens VDO Automotive AG

Robert Bauchmüller

Hildegard E. Belmer

Senta Berger, Schauspielerin

Sirin Bernshausen

Dr. Gerhard Berz, Münchener Rückversicherungs-Gesellschaft

Dr. Maritta von Bieberstein Koch-Weser, GEXSI

Claus Biegert, Journalist

HRH Prinz El Hassan bin Talal von Jordanien, Club of Rome

Carl-Eduard von Bismarck, Bundesverband für Wirtschafts
    förderung und Außenwirtschaft (BWA)

Renate Bloem, CONGO

Julian von Blücher

Almaz und Karlheinz Böhm, Menschen für Menschen

Klaus Boldt, BOLDT MEDIA

René Böll, Künstler, Verleger

Leo Borchardt, Österreichischer Kartellverband

Prof. Klaus Bosselmann, Universität Auckland

Moritz Brettschneider

Dr. Dieter Bricke

Armin Brost, PTE Hilden

Dr. Helga Breuninger, Breuninger Stiftung
Dr. Fritz Brickwedde, Deutsche Bundesstiftung Umwelt (DBU)
Christiane Brückner
Dr. Stefan Brunnhuber, Universität Würzburg
Frank Bsirske
  Vereinigte Dienstleistungsgewerkschaft ver.di
Andreas Bummel, Komitee für eine demokratische UNO
Roland A. Burger, Club of Rome
Gabriele Casper
Akarue Careca, Liberty4Africa
Bert Christmann, Wirtschaftsjunioren Deutschland (WJD)
Sir Arthur C. Clarke, Schriftsteller
Prof. Paul J. Crutzen, Max-Planck Institut für Chemie, Mainz
Borbala Czako, Prince of Wales International Business
Leaders Forum
Achim Deuchert
Prof. Eugen Drewermann, Theologe
Prof. Hans-Peter Dürr, Club of Rome
Prof. Peter Eigen, Transparency International
Dr. Riane Eisler, Autorin, Frauenrechtlerin
Prof. Duane Elgin, Zukunftsforscher
Dr. Zeki Ergas, The Geneva Group Against War
Sabine Ertl, CDI Paris
Graf Hubertus von Faber-Castell, Unternehmensgründer
Peter Fernau, Club of Budapest
Edwin Ferger, E. Ferger Verlag
Dr. Heiner Flassbeck, Chefökonom UNCTAD
Heiko Folkerts, Architekt
Walter Freitag, Kath. Bildungswerk Göppingen
Lorenz Fritz, Vereinigung Österreichischer Industrieller
Prof. Johan Galtung, Begründer der Friedensforschung
Dr. Dietrich Garlichs, UNICEF Deutschland
Prof. Maximilian Gege, B.A.U.M.
Dr. Heiner Geißler, Bundesminister a.D.
Hans-Dietrich Genscher, Bundesaußenminister a.D.
Susan George, Transnational Institute Amsterdam, attac France

Dr. Jean-Luc Gérard

Detlef Gerhardt

Dr. Detlef und Renate Gerritzen

Judith Gerstenberg, attac Hamburg

Dr. Dirk Getschmann, texte & seminare

Anne Geyer

Roswitha Göbel-Wiemers

Rosi Gollmann, Andheri Hilfe Bonn

Josef Göppel, Mitglied des deutschen Bundestages

Dr. Anselm Görres, Förderverein Ökologische Steuerreform (FÖS)

Josef Gossenreiter, Ökosoziale Landwirtschaftsschule Freistadt

Dr. Friedemann Greiner, Evangelische Akademie Tutzing

Prof. Sándor Györi-Nágy, Universität Gödöllö

Alexander Habesohn

Dr. Thomas Häringer, Vertretung des Landes Baden-Württemberg bei der EU

Dr. Berend Hartnagel, Global Partnership

Karl Peter Hasenkamp, Primaklima-Weltweit e.V.

Dr. Volker Hauff, Rat für Nachhaltige Entwicklung

Hans-Jürgen Hausch, Ingenieurbüro Hausch

Dr. Bohdan Hawrylyshyn, Club of Rome

Dr. Wolfgang Heidrich, Gesellschaft für Förderung von Transfer und Innovation

Dirk Helwig, Helwig & Helwig Architekten

Prof. Hazel Henderson, Wirtschaftswissenschaftlerin

Stephan Herrmann

Axel Hesse, SD-M

Hans-Herbert Holzamer, Süddeutsche Zeitung

Prof. Vittorio Hösle, Professor für Philosophie

Wolfram Huncke, Journalist

Klaus Jacobs, GANG-WAY GmbH

Hans Jecklin, Unternehmer, Autor

Ilona Jerger, Natur & Kosmos

Peter Johnston, EU Commission

Prof.es Esko und Raija Kalimo, Club of Rome

Amod K. Kanth, Kinderhilfswerk Prayas

Sergey Kapitza, Autor
Friedhelm Keil
Gottfried Keller
Prof. Margrit Kennedy, Stadtplanerin, Zukunftsforscherin
Marika Kilius, ehemalige Eiskunstläuferin
Landeshauptmann Waltraud Klasnic, Steiermark
Prof. Wolfgang Kleinwächter, Völkerrechtler
Ewald Kleyboldt
Wolf-Ekkehard und Annemarie Klix, Klix & Klix
Dr. Joachim Koch, Philosoph, Autor
Prof. Milan Konecny
Jutta Anna Königs
Reinhard Koppe, Brot für die Welt
Gabrielle Kriessler, Kriessler Raum und Baubiologie
Wolfgang Kühr, Bundesverband Bürgerinitiativen Umweltschutz
Karin Jetter
Andras Laszlo, Eurovisioning.org
Prof. Ervin Laszlo, Club of Budapest
Jo Leinen, Mitglied des Europäischen Parlaments
Johann Lehner
Ingrid Lempp
Dr. Mathias Lichtblau
Frauke Liesenborghs, Global Challenges Network
Shu-hsien Liu, Philosoph, Club of Budapest China
Diana Ljubic
Dr. Reinhard Loske, Bundestagsfraktion B90/Die Grünen
Vladimir Machac
Prof. Leopold März
Wolfgang Lorenz
Michael Madjera, EKKPS
Sandra Maischberger, TV-Moderatorin
Prof. Ram Adhar Mall, Gesellschaft für Interkulturelle Philosophie
Prof. Reinhard Malz, Fachhochschule Esslingen
Werner Matuschek
Professor Hermann Maurer, IICM- TU Graz
Andreas May

Paul Mennel
Mihajlo D. Mesarovic, UNESCO Advisor on Global Change
Reinhold Messner, Umweltaktivist
Dr. Eike Messow, Breuninger Stiftung
Dr. Paul E. Metz, Unternehmensberater
Andrea Möller
Christoph Müller
Dr. Robert Muller, Gründer UN-Friedensuniversität
Helga und Hans-Jürgen Müller, Projekt Mariposa
Karl-Heinrich Müller, Stiftung Hombroich
Dr. Bernd Neugebauer, Landwirt
Prof. Gyorgy Nógrádi, Wirtschaftsuniversität Budapest
Hartmut Nowotny, Medienvertrieb Nowotny
Dr. Marcia Odell, Women's Empowerment Program, Nepal
Dr. Ute-Henriette Ohoven, UNESCO-Botschafterin
Christian Osterhaus, Menschen für Menschen
Rajendra K. Pachauri, Intergovernmental Panel on Climate
    Change (IPCC)
Siegfried Pater, Filmemacher, Sachbuchautor
Katharina Peisker, Architektur
Manfred W. Petz, Manfred W. Petz Innovations-Management e.K.
Roland Potzler
Sandra Pralong, United Nation Development Program (UNDP)
Maartje van Putten, European Network on Street
    Children Worldwide (ENSCW)
Gerd Pfitzenmaier, Ausdruck Verlag
Trevor Redmond
Wolfgang Riehn, Yehudi-Menuhin-Stiftung
Jane Roberts, 34 Million Friends of UNFPA
Mary Robinson, ehem. UN-Hochkommissarin für Menschenrechte
Bibi Russell, Fashion for Development
Dr. Peter Russell, Bestsellerautor
Fernando Sanchez Arias, Junior Chamber International
Michaela Schaumburg-Lippe
Dr. Thomas Schauer, European Support Center Club of Rome
Dr. Dr. Hermann Scheer, Mitglied des deutschen Bundestags

Erwin Schelbert
Dr. Luisa Schmidt, Journalistin
Friedrich Schorlemmer, Theologe, Publizist
Dr. Irmgard Schwaetzer, Staatsministerin a.D.,
    Friedrich Naumann-Stiftung
Frank Schwalba-Hoth
Uwe Schelling, Energieberatung Schelling
Karsten Schmitz
Andrea Schug, Minilernkreis Filder BB
Roland Schürrle
Andreas Schuster
Harald Schütz
Karl-Ludwig Schweisfurth, Unternehmer, Schweisfurth-Stiftung
Jürgen Seifert, J.S. Beratung - Training - Mediation
Prof. Udo Simonis, Wissenschaftszentrum Berlin
Prof. Lojze Socan, Universität Ljubljana
Peter Spiegel, Club of Budapest
Ralf Klemens Stappen, Franz von Assisi Akademie zum
    Schutz der Erde e.V.
George Starcher, Unternehmensberater, Autor
Guido Steinke, Stiftung Weltvertrag
Leo Steverink, IMEC Consultancy
Prof. Rita Süssmuth, Bundestagspräsidentin a.D.
Arthur G. Sutsch
Juhan Telgmaa, Europäisches Umweltbüro (EEB)
Jakob von Uexküll, Weltzukunftsrat, Alternativer Nobelpreis
Dr. Viktor Vovk, Worldwatch Institute
Beate Weber, Oberbürgermeisterin Heidelberg
Prof. Hubert Weiger, BUND Bayern
Prof. Raoul Weiler, Brussels EU Chapter of the Club of Rome
Hubert Weinzierl, BUND
Stephanie Weiss-Gerhardt, Aachener Stiftung Kathy Beys
Prof. Ernst Ulrich von Weizsäcker, Mitglied des deutschen
    Bundestages
Dieter Welfonder
Hartwig Westphalen, SUN ENERGY GmbH

Prof. Lutz Wicke, Staatssekretär a.D.
Anders Wijkman, Mitglied des Europäischen Parlaments
Dr. Georg Winter, Unternehmer, B.A.U.M. & INEM
Gerald Wödl
Gerhard Wohlauf
Gerhard Worm, Mainau GmbH
Michael Zammit Cutajar, UNFCCC
Sabine von Zanthier, EKD Büro Brüssel
Reiner Ziegler, Ziegler Elektropartner GmbH
Horst W. Zillmer, Stiftung Kinder in Afrika
Prof. Robert Zinser, Rotarian Fellowship for
    Population & Development

Organisationen, die die Global Marshall Plan Initiative unterstützen (Auszug)

Aachener Stiftung Kathy Beys
AIESEC Deutschland
Alpen-Adria-Universität Klagenfurt
Bundesverband für Wirtschaftsförderung und
 Außenwirtschaft (BWA)
Club of Budapest
Club of Rome
Deutsche Bundesstiftung Umwelt (DBU)
Deutsche Stiftung Weltbevölkerung (DSW)
EPEA Internationale Umweltforschung GmbH
Evangelische Akademie Tutzing
Fairness Stiftung - Gemeinnützige GmbH
Förderverein Ökologische Steuerreform (FÖS) e.V.
Gemeinsam für Afrika
Institut für Friede, Umwelt und Entwicklung
Junior Chamber International (JCI)
Komitee für eine demokratische UNO
Lebenschancen International e.V.
Mouvement Ecologique a.s.b.l,, Luxemburger Sektion
 Friend of the Earth
Meusel & Begeer GbR, Positive Concept
Nova Europa -
 Christlich-soziale Plattform für ein föderatives Europa
Ökosoziales Forum Europa
Ökosoziale Foren Kroatien, Österreich und Ungarn
Peter-Hesse-Stiftung
Stiftung Apfelbaum
Stiftung Weltvertrag
Terra e.V.
Umweltdachverband, Österreich
Universitäts.Club Klagenfurt
VENRO
Wirtschaftsjunioren Deutschland (WJD)
The United World Philharmonic Youth Orchestra

Weitere bestellbare Literatur

Balance oder Zerstörung
Ökosoziale Marktwirtschaft als Schlüssel zu einer
weltweiten nachhaltigen Entwicklung.
Franz Josef Radermacher. Deutsch, 314 Seiten
Preis pro Exemplar 15,00 €, ab 5 Ex. je 13,50 €,
zzgl. Versand

Balance or Destruction
Eco-Social Market Economy as the Key to Global
Sustainable Development.
Franz Josef Radermacher. English, 332 pages
Price per copy 15,00 €, 5 copies 13,50 € each, plus
shipment

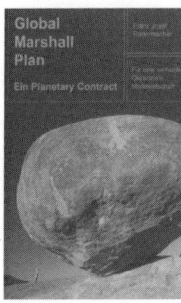

Global Marshall Plan
Ein Planetary Contract für eine weltweite Ökosoziale
Marktwirtschaft.
September 2004
Franz Josef Radermacher. Deutsch, 208 Seiten
Preis pro Exemplar 12,00 €, ab 5 Ex. je 10,00 € zzgl.
Versand

Global Marshall Plan
A Planetary Contract for a worldwide Eco-Social
Market Economy.
Juli 2004
Franz Josef Radermacher. English, 192 pages
Price per copy 12,00 €, 5 copies 10,00 € plus ship-
ment

Welt in Balance -

Zukunftschance Ökosoziale Marktwirtschaft
Dezember 2004
Global Marshall Plan Initiative.
Deutsch, 176 Seiten
Preis pro Ex. 10,00 € , ab 5 Ex. je 8,00 €, ab 10 Ex.
je 6,00 €, ab 50 Ex. 5,00 €, ab 100 Ex. 4,00 €, zzgl.
Versand

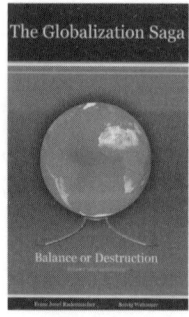

The Globalization Saga

Franz Josef Radermacher, Solvig Wehsener
- Storybooks, 4-farbig, 108 Seiten
- CD, 14 Musikstücke, ca. 60 Minuten
    inkl. Booklet 16 S., 4-farbig
- VHS-Kassette, 12 Musikvideos
Preis pro Teil (Storybook, CD, VHS) je 15,00 €,
für zwei Teile € 25,00 €,
für drei Teile € 35,00 €, zzgl. Versand

Global Marshall Plan

Mit einem Planetary Contract für eine Ökosoziale
Marktwirtschaft weltweit Frieden, Freiheit und nach-
haltigen Wohlstand ermöglichen.
Juli 2004
Möller, U., Radermacher, F. J., Riegler J., Soekadar
S. R., Spiegel, P.
Deutsch, 64 Seiten
Preis pro Exemplar 5,00 €, ab 10 Ex. 3,00 €, ab 20
Ex. 2,00 €, ab 50 Ex. 1,50 €, ab 100 Ex. 1,00 €, je
zzgl. Versand

Global Population

Blow-up and after the demographic revolution and
information society
Januar 2005
Sergey P. Kapitza
English, 288 pages
Price per copy 10,00 € each, plus shipment

The promise of a "European Way"

Information Society, Globalisation and Sustainable
Development.
November 2004
Robert Pestel, Franz Franz Josef Radermacher
(Ed.)
English, 424 pages
Price per copy 15,00 € each plus shipment

Bestellung

Alle Titel können Sie bestellen
- per Fax +49 - (0)40 822 90 421
- per Post Global Marshall Plan Initiative, Rissener Landstrasse 193,
  22559 Hamburg
- per E-Mail: info@globalmarshallplan.org
- oder am besten bestellen unter: www.globalmarshallplan.org/bestellen

Mit jedem Buch, das Sie verschenken unterstützen Sie unsere Initiative
gleich doppelt:
Sie verbreiten die Vision eines Global Marshall Plans und Sie fördern
uns gleichzeitig finanziell. Die Erlöse aus den Buchverkäufen machen
einen großen Anteil an der Finanzierung der Global Marshall Plan Initiative
aus. Die Autoren verzichten auf das Autorenhonorar und der Versand
erfolgt ehrenamtlich.

Bis Ende 2004 haben wir bereits 50.000 Bücher aus diesem Sortiment
verkauft.